Jean Cousin est un denos plus anciens peintres françois; il fleurissoit sous henry 2d. et vivoit encore en 1589. les morceaux les plus estimés qui subsistent de luy sont des peintures sur verre a St. Gervais de Paris, aux minimes de Vincennes; il étoit aussi sculpteur et l'on a de luy de beaux ouvrages en ce genre aux Celestins et ailleurs. il étoit geometre et se piquoit d'être en état de donner des leçons raisonées de son art, comme il a fait dans ce livre; ce que Gollain prétend avoir perfectioné; ce n'en pas cependant tant y avoir laissé un beau vernis d'antiquité.

L'ART
DE DESSINER,
DE MAISTRE JEAN COUSIN,
EXCELLENT PEINTRE
FRANÇOIS.
A PARIS, Chez FRANÇOIS JOLLAIN.

# L'ART
## DE DESSINER
### DE MAISTRE JEAN COUSIN,
#### REVEU, CORRIGÉ ET AUGMENTÉ
*Par François* JOLLAIN *, Graveur à Paris,*

De plusieurs Morceaux d'aprés l'Antique, avec leurs mesures & proportions : D'une
Description exacte des Os & Muscles du Corps Humain, & de leurs offices & usages :
Et d'une Instruction facile pour apprendre à dessiner toutes ces Figures, selon les
differens Aspects qu'elles peuvent avoir.

*SE VEND A PARIS,*
Chez ledit JOLLAIN, Ruë saint Jacques, à l'Enfant JESUS.
*Avec Privilege du Roy.*

# AU LECTEUR.

A Profeſſion m'engageant neceſſairement à la pratique du Deſſin, & mes Etudes particulieres ſe trouvant ſoûtenues par l'envie que j'avois d'être utile au
Public, j'ai crû que je ne pouvois rien faire qui lui fût plus agreable que de lui
donner en abregé toutes les Regles de ce grand Art.   La réputation de l'illuſtre
JEAN COUSIN, & l'eſtime que l'on a toûjours faite de ſon Livre de Proportions, m'a fait
choiſir les Regles que ce grand Maiſtre nous a laiſſées comme les plus juſtes & les plus ſûres
que l'on peut ſuivre. Je me ſuis donc appliqué à les revoir. J'y ai corrigé quelques fautes que
le temps peut-être y avoit miſes, ou que le progrés qu'on a fait dans cette ſcience, y a fait
découvrir. Je me ſuis ſervi dans cette derniere impreſſion des Planches originales, à la reſerve
de quelques-unes qu'il a fallu changer pour faire plus aiſément connoître par Lettres alpha-
betiques les noms des Muſcles, & leursoffices. Comme ils font le plus bel ornement auſſi

bien que la principale difficulté du Nud, on a crû à propos d'en donner l'intelligence à ceux qui s'appliquent au Déſſin. On a auſſi ajoûté à la fin du Livre une Deſcription des Os du Corps humain, & la repreſentation du Squelet vû de trois aſpects differens. Ces connoiſſances ſont ſi utiles, qu'on ne peut ſans cela deſſiner bien correctement: Et quoique ce Livre ſemble avoir été fait ſeulement pour ceux qui commencent à apprendre la Portraiture, ceux qui ſe croyent bien avancez y trouveront encore pluſieurs choſes utiles, auſquelles ils n'ont peut-être jamais fait aſſez d'attention. Le Public même, dont les plus habiles ſont toûjours bien aiſes d'avoir l'approbation, y trouvera des regles faciles pour découvrir la beauté des Ouvrages de ceux qui excellent dans la Figure. On ne prétend pas qu'un jeune Ecolier doive long-temps deſſiner ces Figures par la regle & le compas, ſuivant la méthode que l'on enſeigne dans ce Livre; il eſt bon qu'il commence par là, & qu'enſuite ſçachant les proportions des parties les unes avec les autres, il s'accoûtume à les tracer à la main, & qu'il juge à la vûë du rapport qu'elles ont enſemble, ſuivant les regles qu'on lui a preſcrites.

Si cela ne contente pas encore ceux qui voudront apprendre à deſſiner, ils trouveront chez moi d'autres Livres de Portraiture, entre leſquels eſt celui des Etudes de Monſieur Perrier, Peintre illuſtre, que Monſieur le Bourlier a recüeilli à Rome, & fait graver fort correctement par Monſieur le Paultre. Les noms de ces ſçavans Maîtres ſont ſi connus partout, qu'il eſt inutile d'en parler davantage.

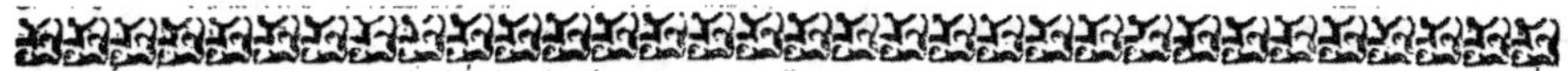



AYant souvent à parler dans la suite de ce Livre de plufieurs lignes & interfections qui font neceffaires pour l'intelligence & la pratique de ce qu'il enfeigne, j'ai crû qu'il feroit bon de les reprefenter & expliquer ici feparément, afin de vous ôter la difficulté qu'elles pourroient vous donner dans les Figures.

La ligne marquée A. s'appelle perpendiculaire, ou à plomb. La ligne B. s'appelle à niveau, ou nivelée. La ligne C. fe nomme diagonale, penchante, ou à anglet. La ligne D. fe nomme ligne ponctuée. La ligne E. fe nomme courbe, celle-ci eft faite d'une portion de cercle avec le compas. Les lignes FF. s'appellent paralleles, entre lefquelles vous voyez la maniere de le faire.

De toutes ces lignes fe forment les interfections fuivantes, fçavoir, l'interfection de la ligne perpendiculaire & de la ligne à niveau, qui fe coupent orthogonalement, & forment quatre angles droits, ce qu'on nomme vulgairement trait quarré, qui eft ici marqué G. pour le faire jufte, pofez la pointe du compas au point marqué I. & de l'ouverture 2 qui eft libre, marquez les petites lignes courbes 3 & 4 puis faites la même chofe du point marqué 5. & des fections de ces petites lignes courbes, tirez la ligne perpendiculaire qui coupera la nivelée orthogonalement ou à angles droits. H. marque l'interfection qui fe fait des lignes courbes. I. montre l'interfection de la diagonale avec les lignes perpendiculaires & à niveau, de laquelle fe forment les deux angles aigus 1 & 2. Si vous continuez ladite ligne diagonale au deffus de l'interfection, elle vous donnera de fes côtez les deux angles obtus 3 & 4 plus ouverts que l'angle droit, à la difference des aigus qui font moins ouverts. K. s'appelle ligne circulaire ou cercle; le point du milieu marqué L. s'appelle centre, K. marque la circonference. La ligne M. qui paffe par le milieu s'appelle diametre; fi elle part feulement du centre à la circonference comme N. elle s'appelle demi-diametre. La figure O. s'appelle ovale, à caufe de fa reffemblance à un œuf; elle fe forme ici d'un cercle dans lequel vous tirez une ligne diametrale à niveau, puis pofant la pointe du compas au point 1. vous formerez de l'ouverture 2. la ligne courbe 3. du point 2. de la même ouverture, formez la ligne courbe 4. qui achevera la figure ovale telle qu'il la faut pour former la tête de l'homme.

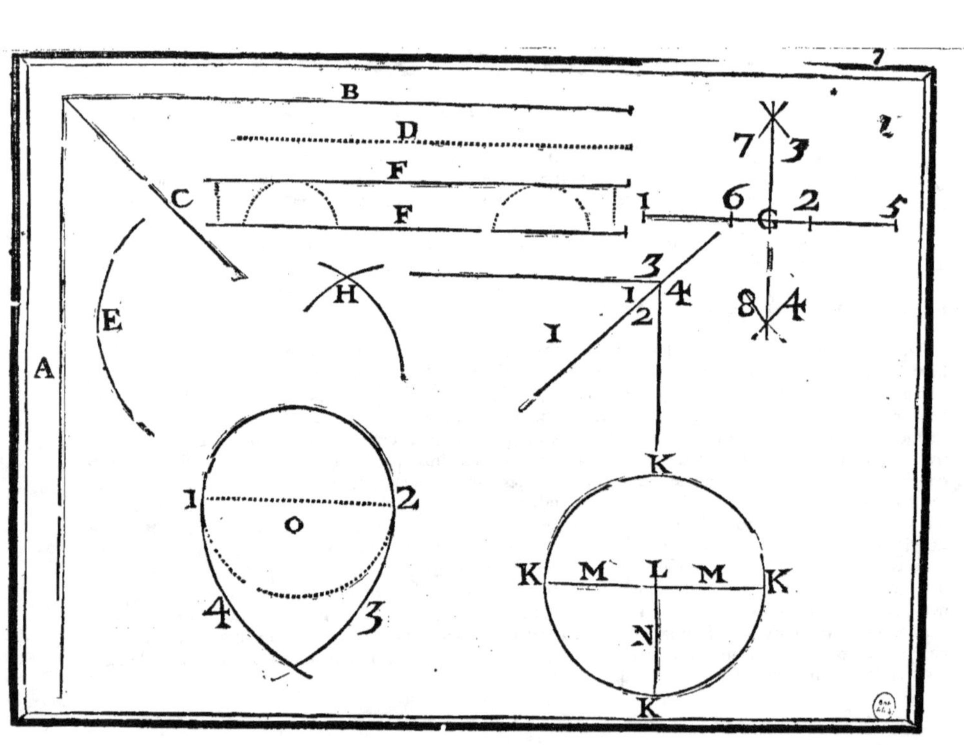

B
D
F
F
C
A
E
H
I
1
2
3
4
7 3
1 6 G 2 5
8 4
1 2 3 4
O
4 3
K
K M L M K
N
K
7
2

LEs Yeux , organes de la vûë , sont situez dans deux cavitez de la tête , appellées Orbites : on peut y considerer leurs parties exterieures & interieures ; je dirai seulement quelque chose des exterieures que le Peintre doit necessairement connoître. Les sourcils sont à l'extremité du front couvert de poil qui sert à défendre & orner les yeux ; la partie qui est vers le nez, s'appelle la tête des sourcis, l'autre s'appelle la queuë ; l'espace qui est entre les deux se nomme l'entre-sourcil , qui est de la moitié d'un œil vis-à-vis de leur tête. Les paupieres servent à couvrir les Yeux , & les défendre des injures externes ; le poil de la superieure sont courbez vers le haut , & ceux de l'inferieure en bas ; les parties où elles se joignent sont appellées les coins des yeux , celui qui est auprés du nez s'appellent le grand angle , ou l'angle interne ; l'autre qui est vers les tempes, le petit ou externe ; au grand angle on voit une glandule , qu'on appelle glandule lachrimale. Ce qui nous paroît des parties internes de l'œil est une partie de la tunique appellée conjonctive , elle est percée par devant , & laisse toute la prunelle découverte, & d'autant qu'elle est blanche on l'apelle vulgairement le blanc de l'œil ; le cercle que nous appellons la prunelle de l'œil , est une partie de la tunique appellée uvée , ou ce tissu de fillamens qui fait la tunique ciliaire , laquelle est aussi percée par le devant pour laisser passer les rayons au fond de l'œil.

Cette partie qui fait l'iris ou la couronne, est verte, bleuë, ou noire selon les divers temperamens du cerveau & des yeux, & la couleur de l'uvée ; le milieu au travers duquel on voit les humeurs de l'œil , est fort noir , & se dilate ou se resserte selon la force ou la foiblesse de la lumiere , ou encore selon la petitesse de l'objet.

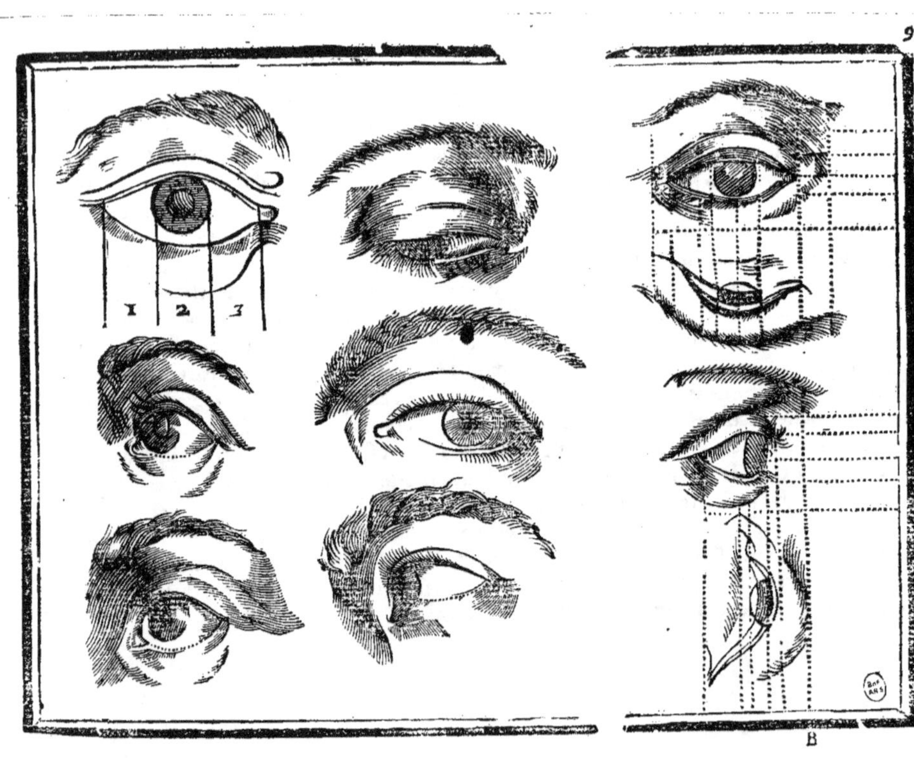

### De la composition & proportion de l'Oreille.

L'Oreille a ses parties externes & internes. L'externe, qu'on appelle en Latin *Auricula*, & en François l'oreillete, est toute cartilagineuse, & n'a presque aucun mouvement qu'avec le reste de la tête. Sa proportion est d'égaler la longueur du nez ; sa largeur est de la moitié de sa hauteur. Sa partie superieur qui est détachée de la tête, s'appelle l'aîle; le milieu qui est plus enfoncé, s'appelle la coquille : étudiez cette partie d'autant plus diligemment, qu'elle est ordinairement negligée. Le naturel vous montrera ses differentes proportions.

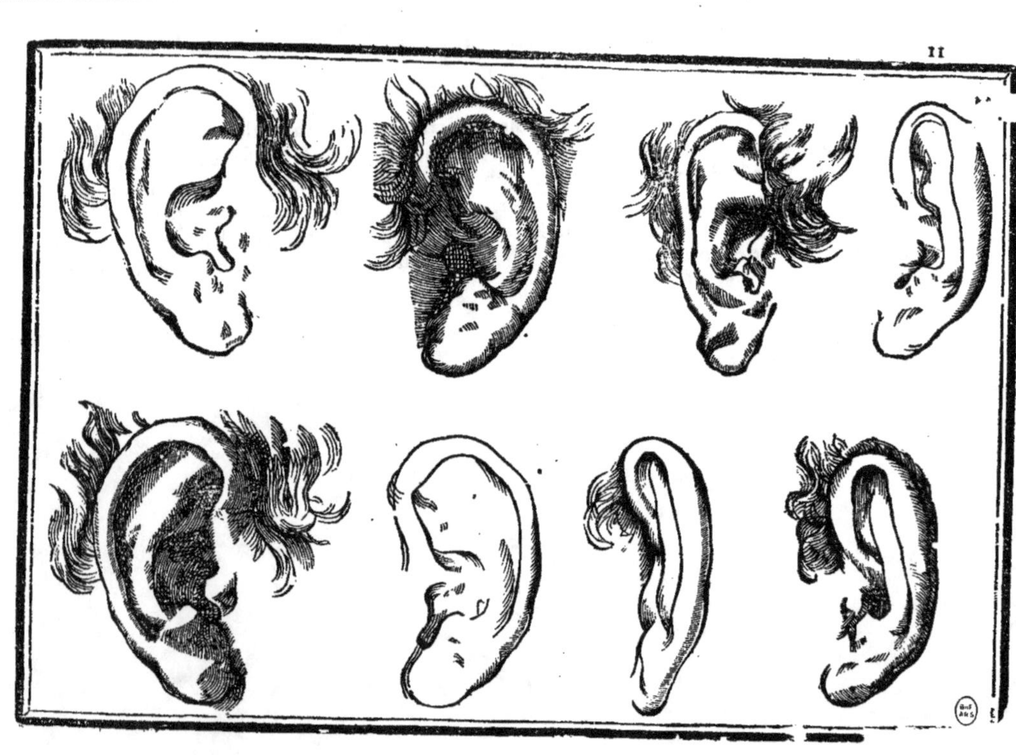

## II

## *Proportions de la Teste vûë de front & de profil.*

POur deſſiner la tête de front, formez une ovale comme il eſt ci-devant enſeigné en la page 7. puis tirez une ligne perpendiculaire, qui diviſe l'ovale en deux parties, laquelle ligne ſera enſuite diviſée en quatre parties égales. Vous marquerez la naiſſance des cheveux à la moitié de la premiere ſection : ſur la ſeconde ſeront les yeux : ſur la troiſiéme le nez : ſur la quatriéme l'extremité du menton ; à quoi on peut ajoûter une cinquiéme partie égale, qui marquera la foſſette du col. Diviſez la ligne du milieu, ſur laquelle on doit placer les yeux en cinq parties : ſur la ſeconde & quatriéme faites les yeux, la longueur de chaque œil ſera diviſée en trois parties, dont la prunelle en doit occuper une, l'ouverture de l'œil doit avoir auſſi une de ces parties, la largeur du nez répond à l'intervalle qui eſt entre les deux yeux : diviſez enſuite la quatriéme ſection de l'ovale en trois parties égales, ſur la premiere vous formerez la bouche, prenant la meſure d'un œil & demi : faites les oreilles depuis la ligne des yeux juſqu'à la ligne du nez, où vous commencerez le col qui aura de groſſeur la moitié de la tête, il s'élargit en approchant des calvicules, & ſa proportion depuis la foſſette du col juſqu'à la naiſſance des épaules, eſt de la moitié des cinq parties qui diviſent le col & la tête.

La tête de côté ou de profil ſe forme par les mêmes regles. Pour avoir le derriere de la tête, il faut de la même ouverture du compas dont vous avez décrit le cercle, en reculer le centre d'une ſixiéme partie du diametre, & de l'autre jambe du compas marquer le derriere de la tête. Pour placer l'œil, diviſez en 3 parties égales l'eſpace qui eſt entre la perpendiculaire & la circonference de l'ovale, celle du milieu ſera pour l'œil qui n'a de longueur que la moitié de celui du front. Pour former le nez, diviſez en deux parties la troiſiéme ſection de l'ovale depuis la ligne perpendiculaire juſqu'au contour de l'ovale, & y ajoûtant une troiſiéme partie elle ſera l'avance du nez hors de l'ovale ; tirez une petite ligne depuis celle des yeux qui en marquera le contour que vous arondirez par le bout, & la narine rentrera juſqu'au droit de l'œil. Pour former le bas du viſage, tirez une petite perpendiculaire depuis la ſection de la ligne du nez ſur le contour de l'ovale ponctuée juſqu'à la quatriéme ſection. Diviſez cette petite perpendiculaire en trois parties égales : ſur la premiere ſection formez la bouche d'une moitié de celle qui eſt vûë de front, faites avancer la levre de deſſus juſqu'à la moitié de l'avance du nez, celle de deſſous de la moitié de cette moitié, & le menton juſqu'à la perpendiculaire ; placez l'oreille au contour de l'ovale en dedans depuis la ligne des yeux juſqu'à la ligne du nez, faites le col de la même groſſeur & longueur qu'en la figure précedente, lui donnant par derriere depuis le point où la ligne à plomb coupe la 3. & 4. ſection de l'ovale, la largeur d'un nez & demi, en faiſant un peu rentrer le contour en dedans, & par devant ſur la quatriéme ſection la moitié d'un nez : ſur la cinquiéme ſection donnez au col par derriere la largeur de deux meſures de nez depuis la perpendiculaire, & le faites avancer par devant de la moitié du menton.

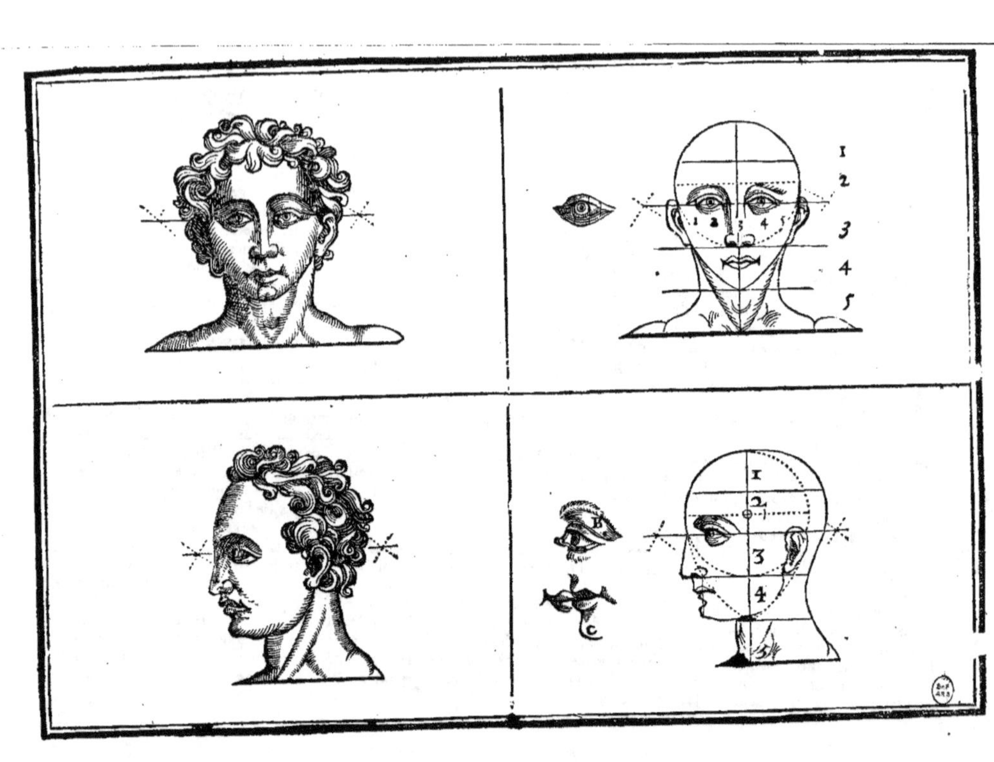

*Maniere de deſſiner avec la regle & le compas, d'en faire le plan, & de le lever.*

POur faire la tête de trois quartiers, formez un cercle ponctué comme aux précedentes, que vous diviſerez en trois parties égales, & reculerez le centre comme au profil, pour faire le derriere de la tête, contre lequel vous deſſinerez l'oreille depuis l'œil juſqu'au nez : puis poſant la pointe du compas à la ſection qui ſe fait de la ligne des yeux avec le cercle ponctué par derriere, & l'ouvrant juſqu'à la ſection oppoſée dudit cercle avec ladite ligne par devant, vous marquerez le contour de la joüe gauche, enſuite diviſez en deux parties l'eſpace qui eſt depuis ce contour de devant ſur la ligne des yeux juſqu'à la perpendiculaire qui traverſe toute la tête, & poſant la pointe du compas à cette ſection qui ſeroit le milieu du nez par le haut, & l'ouvrant juſqu'à la ſection oppoſée du cercle ponctué & de la ligne des yeux, vous marquerez le contour de l'autre joüe, & deſſinerez le bas de la tête, en ajoûtant une partie égale aux trois ſuperieures. Le col eſt comme en la tête de profil. Les lettres A. B. C. repreſentent le plan ou l'ombre de la tête racourcie, comme la voyant par deſſus la ſommité de la tête, qui ſe fait du cercle 1. ponctué, & de ſon reculement du ſecond centre pour avoir le derriere de ladite tête ; & par même moyen des extremitez des yeux & du nez repreſentez dans ledit plan ou ombre, nous élevons quatre perpendiculaires ponctuées pour former & faire leſdits yeux qui ſont au deſſus dudit plan, & par ce moyen l'œil gauche ſe trouvera plus grand que le droit, à cauſe du racourciſſement.

La tête veuë par derriere ſe fait par les mêmes regles de la tête veuë de front ; il y a ſeulement ceci de particulier, que pour former le bas de la rondeur de la tête, au lieu de vous ſervir du demi cercle ponctué il faut baiſſer le centre ſur la ligne perpendiculaire de la troiſiéme partie de l'œil vû de front, & de la même ouverture du compas former le tour de la tête par bas : les oreilles ſe placent comme à la tête vûë de front, les deſſinant comme la figure ſeparée le montre ; au deſſous vous marquerez ce qui peut paroître du derriere des machoires. Le col ſe fait auſſi comme en la premiere figure, ſi vous voulez orner la tête de cheveux, le ſecond centre de la tête ſera celui qu'il faudra prendre.

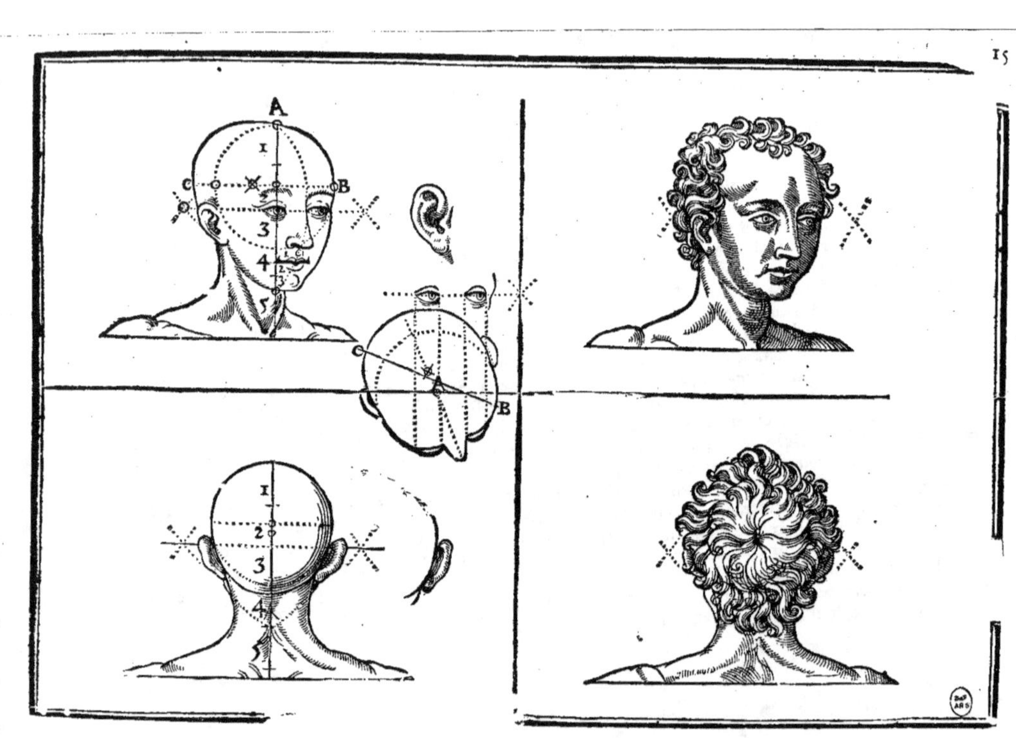

*Maniere de deſſiner les Teſtes racourcies de front.*

IL faut obſerver les mêmes meſures & proportions que je vous ai ci-devant expliquées. Sur la ligne penchante ponctuée, marquée par le haut A. & par le bas B. & ayant fait la tête vûe de côté ou de profil, faut tirer les lignes ponctuées à niveau, procedant de ladite tête, pour en faire la tête racourcie vûë de front, obſervant les deux cercles marquez d'un O & un point dans le milieu, faiſant le centre des cercles, & où les lignes ponctuées à niveau ſe terminent, faut marquer les yeux, le nez, la bouche & le menton, l'extremité du front & les oreilles, comme vous voyez par ces figures racourcies marquées par de petites Lettres *a* par le haut, & *b* par le bas perpendiculairement : il faut obſerver la même methode & pratique pour toutes les têtes racourcies qui ſont repreſentées deſſous les ſuſdites teſtes, uſant de deux centres marquez O : dans le milieu dudit O il y a un petit point qui ſert de centre, comme l'on peut voir aux figures ci-jointes.

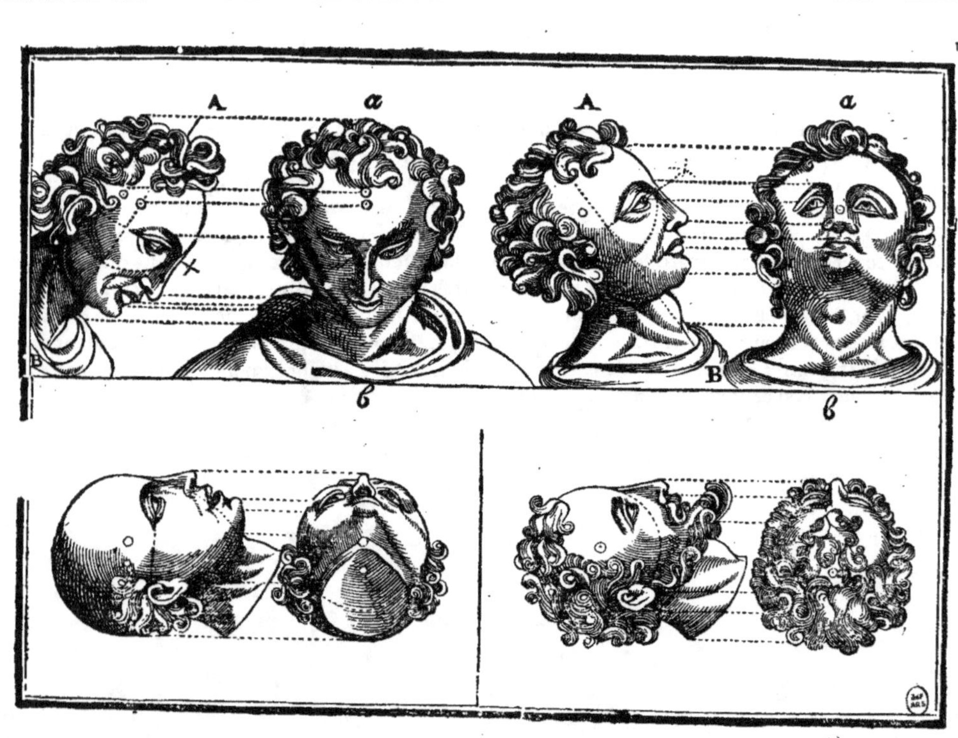

A
a
A
a
B
b
B
b
C

*Maniere de deſſiner les Têtes de trois quartiers racourcies.*

POur faire ces têtes racourcies, ſervez-vous de celles qui ſont vûes de côté, comme nous avons fait dans les figures précedentes : obſervez ſeulement, que de la ligne ponctuée penchante, marquée d'une petite croix ; il en faut prendre la diſtance & la meſure pour en faire comme l'ombre des ſuſdites têtes, qui ſervira pour montrer les lignes ponctuées perpendiculairement à la tête que vous voudrez deſſiner de trois quartiers ; & les interſections que font leſdites lignes ponctuées à niveau, procedant des têtes vûes de côté ou profil, vous donneront la place ou la ſituation des yeux, du nez, de la bouche & du menton, comme vous le voyez dans leſdites figures. Ainſi il faut obſerver auſdites têtes veues de côté ou profil ſur les lignes ponctuées penchantes, le centre marqué O & le point dedans, pour faire les yeux, le nez, la bouche & le menton, obſervant ſur leſdites lignes ponctuées les proportions de l'œil au nez, du nez à la bouche, de la bouche au menton, conduiſant leſdites proportions par le compas de lignes courbes ponctuées pour faire pencher les têtes racourcies, tant par en haut que par en bas.

Les deux têtes marquées A. & B. vûes en parties par le derriere, ſe font par la même pratique ci-devant enſeignée.

Si l'on veut s'inſtruire plus amplement de la maniere de deſſiner les objets racourcis, on verra ce que nous avons ajoûté ſur ce ſujet dans la ſuite de ce Livre, en parlant des mains, des pieds, & des autres parties du corps.

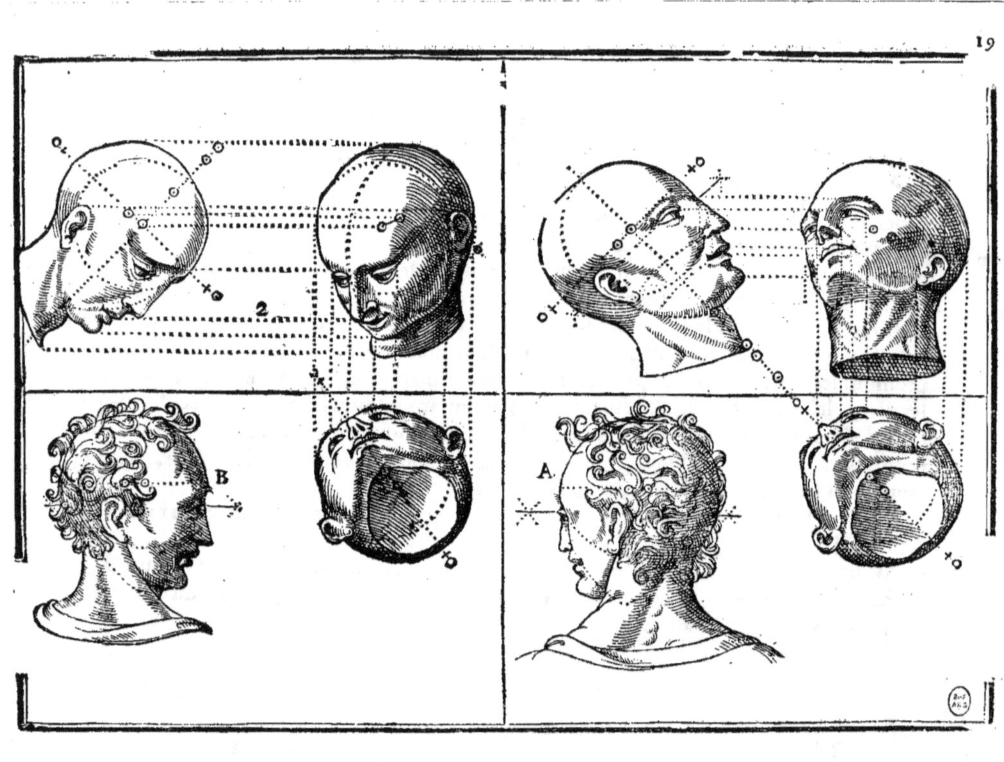

## Proportions & mesures de la Teste de l'enfant veue de front & de profil.

LA Tête de l'enfant se peut former par une maniere d'oval en cette façon : faites un cercle, coupez-le de deux diamettres à angles droits, dont le perpendiculaire sera prolongé par le bas : divisez les deux demi-diamettres en deux parties égales, ce qui vous donnera quatre parties égales: ajoûtez y une cinquiéme sur la même perpendiculaire en bas. La premiere section marquera la naissance des cheveux; & la troisiéme la ligne des yeux, que vous diviserez en cinq parties égales: sur la deuxiéme & la quatriéme formez les yeux, dont la prunelle doit contenir la moitié, les sourcils monteront jusqu'à la moitié de l'espace qui est entre la ligne des yeux & la superieure, qui est le diamettre à niveau du cercle; formez le nez de la largeur d'un œil sur la ligne qui touche le bas cercle. Divisez la cinquiéme partie en trois égales : sur la premiere formez la bouche, & sur la troisiéme le menton: divisez l'espace depuis la ligne des yeux jusque sous le nez, en quatre parties égales : posez la pointe du compas sur la premiere section de l'ouverture du demi-diamettre du cercle: formez dessous un demi-cercle qui marquera le dessous du menton : dessignez les oreilles depuis la ligne des sourcils jusqu'à la moitié du nez, où elles seront jointes aux jouës qui auront de largeur des deux côtez de la perpendiculaire l'espace qui est depuis la ligne des yeux jusqu'au dessus du men- ton, qui est à la deuxiéme section de la cinquiéme partie de la tête ; & par la ligne du nez une longueur & demi de nez, & par la moitié de la cinquiéme partie de la tête, où elles joignent le deuxiéme cercle, & où commence le col, deux largeurs de nez : donnez à la bouche la largeur de trois quarts de la longueur du nez : le col doit avoir de grosseur deux longueurs & demie de nez, & le haut des épaules une mesure de tête.

Pour la tête vûë de profil, faites un cercle égal au premier avec les mêmes divisions & la même proportion du cercle des- sous. Pour faire le derriere de la tête avec le compas, soit fait le petit carré 1. 2. 3. 4. de la moitié d'une de ces cinq par- ties qui diuisent la Tête, mettez la tête du compas au point 4. & décrivez le dessus de la Tête jusquà la lettre *a.* puis met- tez la jambe du compas au point 2. & décrivez le derriere de la Tête depuis *a.* jusqu'à *b.* placez ensuite votre compas au point 1. & décrivez un arc de cercle jusqu'à ce qu'il rencontre la ligne ponctuée de votre ovale : puis pour avoir l'arrondis- sement du col en dedans, prenez la longueur d'un nez & demi, & la transportez sur la ligne du nez depuis la ligne perpen- diculaire : portez la même grandeur sur la cinquiéme section de votre ovale vis-à-vis du menton, & dans l'intervale de la quatriéme à la cinquiéme section de l'ovale prenez la hauteur depuis les yeux jusqu'à la bouche, & décrivez ensuite par ces trois points la ligne courbe du derriere de la tête : vous pouvez ajoûter une sixiéme section pareille aux cinq superieures, sur laquelle on marquera les épaules qui doivent avoir depuis la ligne perpendiculaire deux longueurs de nez par derriere, & par devant une longueur de nez.

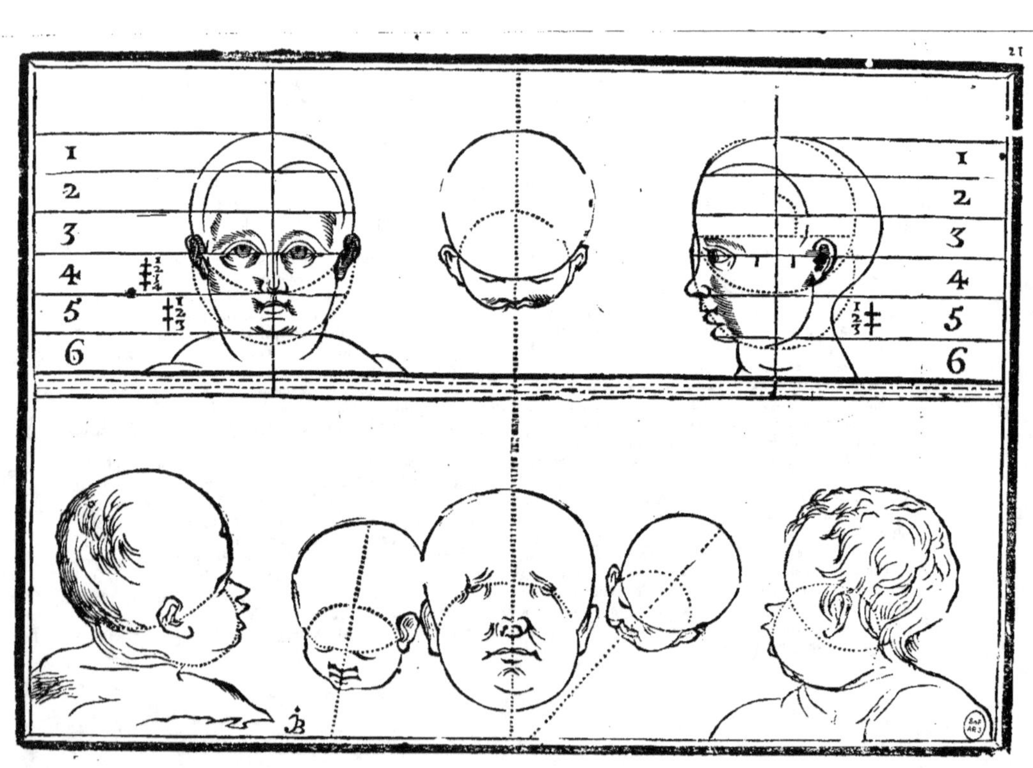

1
2
3
4
5
6
1
2
3
4
5
6

A main se forme des trois longueurs du nez, c'est-à dire, de la gr[…] face, que vous diviserez en trois carrez égaux, marquez 1. 2. & […] 4. pour le poignet : posez la pointe du compas à l'angle du carré […] pouce, & l'ouvrez jusqu'au tiers du deuxiéme côté gauche, où vous marquerez […] portion de cercle qui vous donnera la premiere jointure des doigts : ensuite divisez la base du troisiéme carré en deux parties égales, ajoûtez y une troisiéme égale, marqué A. d'où vous éleverez une perpendiculaire, & à la section qu'elle fera avec une la ligne superieure du même carré, vous marquerez la deuxiéme jointure du pouce ; puis du même point A. tirez ligne jusqu'à l'angle superieur du premier carré marqué B. laquelle formera un triangle ponctué dans lequel est le premier doigt, la longueur duquel va jusqu'à la moitié de l'article superieur du doigt du milieu ; le troisiéme doigt au tiers dudit article du doigt du milieu ; le petit doigt jusqu'à la jointure superieure du troisiéme doigt, & le pouce à la deuxiéme jointure du premier doigt. Reste la quatriéme partie que nous avons ajoûtée pour le poignet, dont vous diviserez la base en quatre parties égales, pour vous servir aux mains vûes de côté, ausquelles vous ne donnerez par le poignet que trois mesures de sa base, comme vous voyez aux figures d'en bas, où ladite base est representée sur une ligne penchante marquée 1. 2. 3. 4. dans une forme d'ovale qui represente le plan geometral du poignet. Aux mains vûes par le dessus, on doit garder les mêmes mesures que par le dedans, & ainsi à celles qui sont vûes de profil pour les longueurs des doigts.

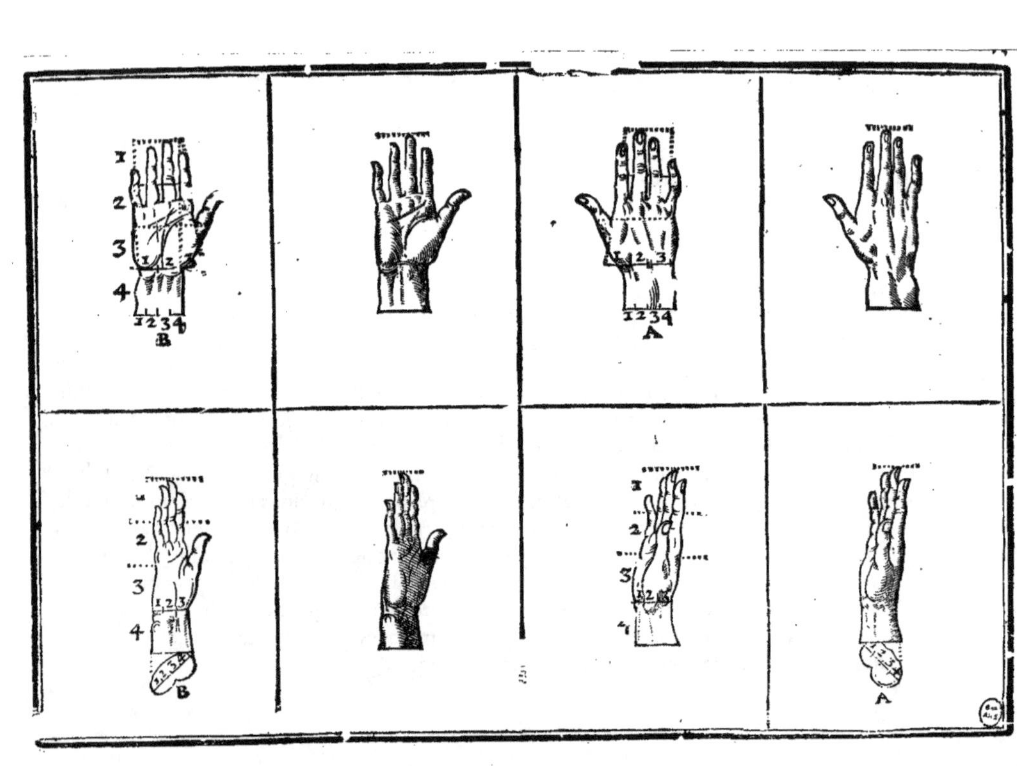

Lorſque vous avez à deſſiner une Main racourcie à cauſe de ſon aſpect, faites en premie-rement le profil avec la diſpoſition des doigts telle que vous ſouhaiterez, ſuivant les meſures précedentes. Puis pour en avoir le plan, formez un trait carré, & coupez l'angle inferieur du côté droit qui eſt ſous la main de profil d'une ligne diagonale qui le ſepare en deux angles aigus égaux : enſuite de toutes les jointures & extremitez de la main, tirez deux lignes perpendiculaires deſſus juſqu'à ladite ligne diagonale marquée aux deux bouts d'un O, des ſections deſquelles vous tirerez des lignes paralleles à niveau, leſquelles vous donneront en vous ſervant pour les largeurs des mains vûes de front, le plan de la main que vous voulez deſſiner. Aprés, élevez de ce plan des lignes perpendiculaires pour avoir les largeurs de la main racourcie, & tirez des lignes paralleles à niveau des extremitez & jointures du profil aux interſections deſquelles vous avez la meſure racourcie de chaque partie, comme vous voyez aux figures marquées A. B. C. D. qui ſe font par la même pra-tique.

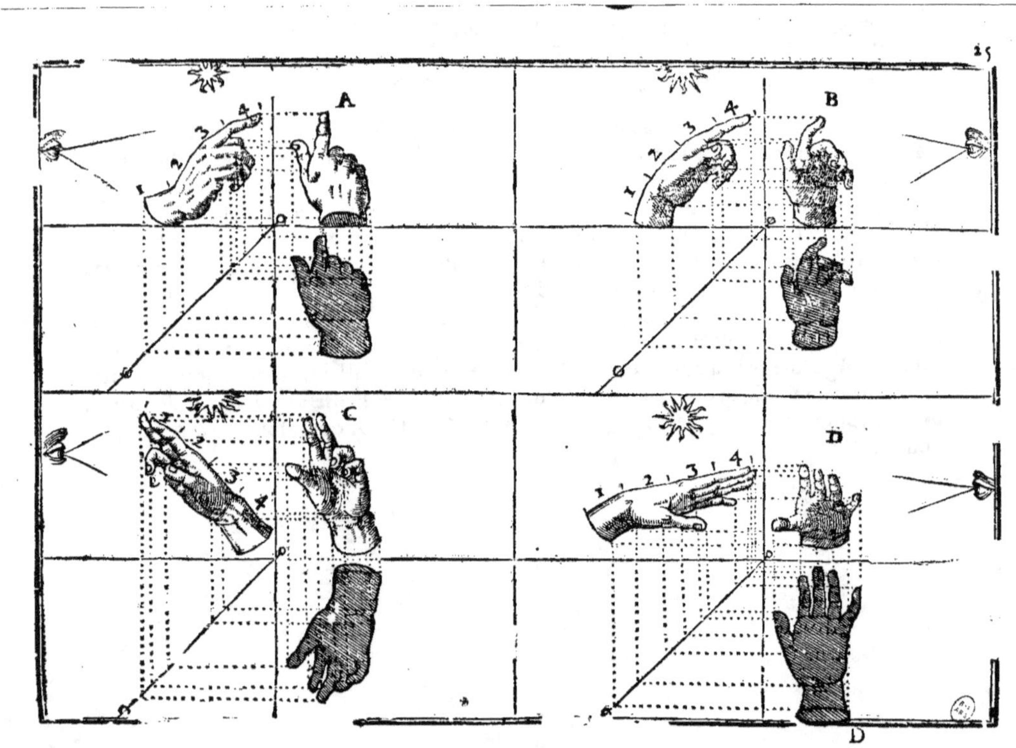
A
B
C
D
1 2 3 4
1 2 3 4
1 2 3 4
1 2 3 4
D

*Proportions & mesures des Pieds vûes de cofté par dedans & par dehors, par le devant & par le talon.*

LE Pied vû de côté ou de profil contient quatre longueurs de nez, qui font la hauteur de la tête entiere. Marquez donc cette grandeur deffous le pied que vous voulez deffiner : divifez-là en trois parties égales, dont vous donnerez une partie à la groffeur du bas de la jambe vûe de côté : donnez à la jointure du cou du pied depuis la plante marquée C. jufqu'au point A. la longueur d'un nez & demi, depuis lad. jointure du cou du pied jufqu'à la premiere jointure du pouce marquée B. un nez & deux tiers. Le petit doigt commence à la troifiéme partie de la troifiéme mefure qui fepare le pied en quatre parties égales, & n'excede la moitié de la premiere jointure du pouce : les doigts fuivans augmentent fucceffivement de la grandeur de leurs ongles jufqu'au doigt qui eft proche du pouce.

Il n'y a de difference entre le pied vû de côté, par dehors & par dedans, qu'aux contours de la plante & du deffus des doigts, ayant par tout les mêmes mefures, comme vous pouvez voir aux figures.

Pour deffiner le pied vû par le devant racourci, il faut pour la même mefure de l'avant-pied prendre une longueur & deux tiers du nez : divifez cette mefure en trois parties égales, dans l'une defquelles vous deffinerez le gros doigt, dans la fuivante les deux prochains, & dans la derniere les deux petits, comme la figure vous le montre.

Le pied vû par le talon a pour fa largeur une longueur de nez. L'avant-pied eft comme au pied vû par devant ; & le bas de la jambe au deffus de la cheville du pied a auffi une longueur de nez, d'où elle va peu à peu en s'élargiffant jufqu'au molet de la jambe, comme il fera dit ci-aprés.

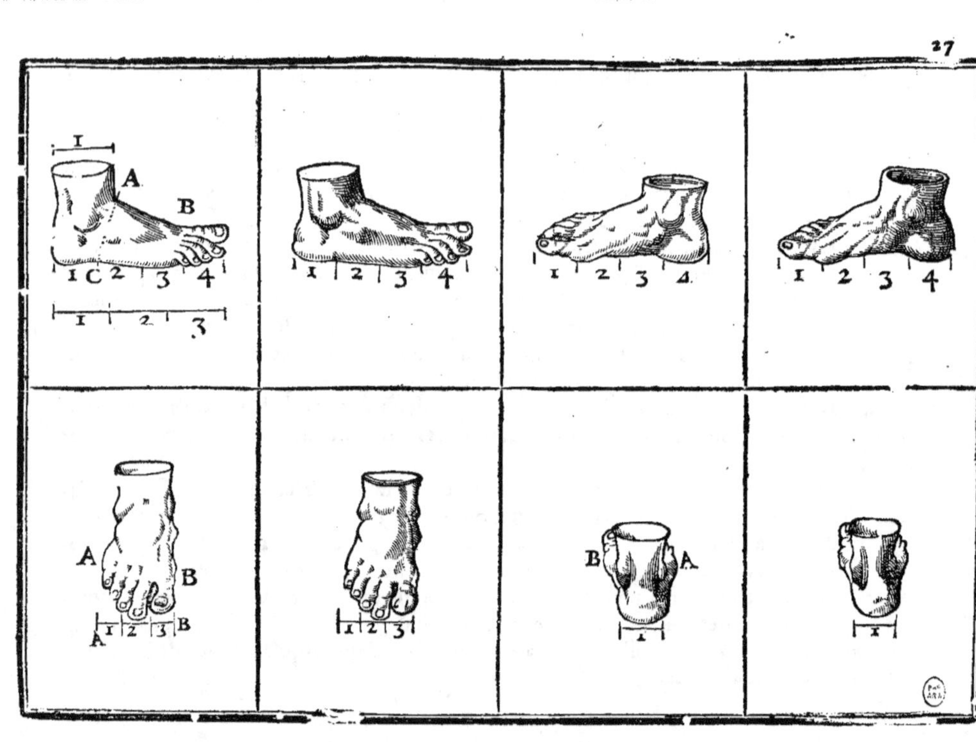
I
A
B
1 C 2 3 4
1 2 3
1 2 3 4
1 2 3 4
1 2 3 4
A
B
A 1 2 3 B
1 2 3
B A
1
1

*Maniere de deſſiner les pieds racourcis eu toutes ſortes d'aſpects.*

POur deſſiner le Pied racourci, vû pardevant ou par le talon, il faut deſſiner un pied de profil avec ſes proportions & meſures comme ci-devant, deſquelles vous tirerez des lignes perpendiculaires deſſous juſques à la diagonale marquée aux bouts O : puis de ces ſections tirez des lignes à niveau pour faire le plan du pied, où vous ajoûterez les largeurs comme cy-devant.  Enſuite élevez de ce plan des lignes perpendiculaires, & tirez des lignes à niveau du pied de profil, aux interſections deſquelles vous aurez les meſures du pied racourci, comme vous voyez aux figures A. B. C. D. Car pour les deux pieds marquez C. D. c'eſt la même pratique.

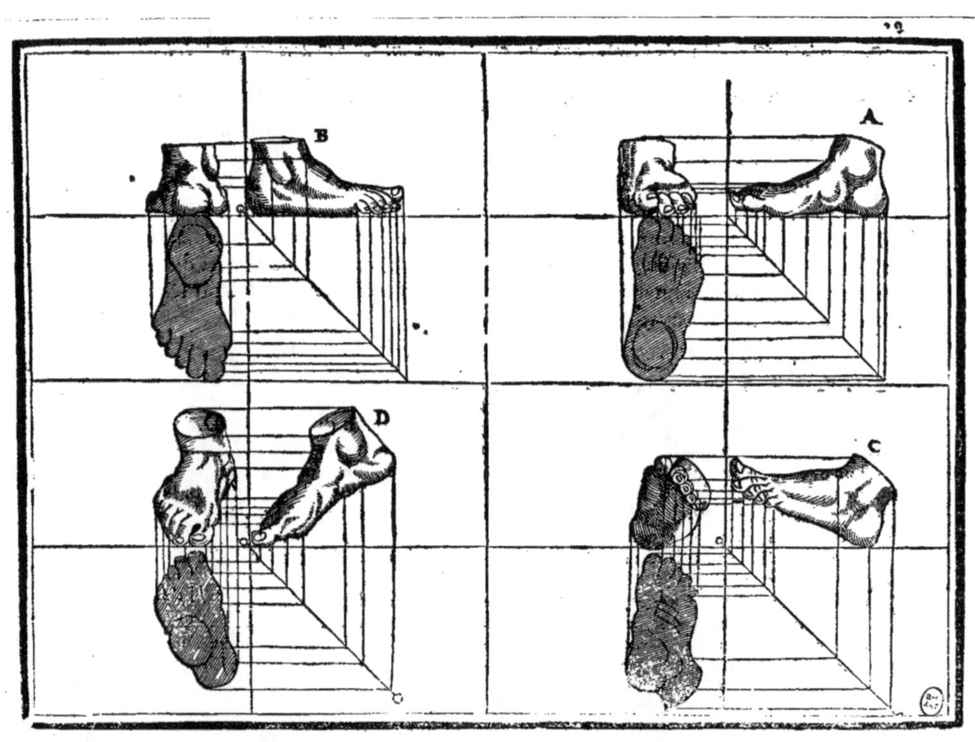

B
A
D
C

*Proportions & mesures du Corps humain, vû par devant & par derriere, depuis les épaules jusqu'aux genitoires.*

LE Corps de l'homme vû par devant depuis les épaules jusqu'aux genitoires, contient trois grandeurs de la tête : la premiere, depuis les épaules au dessous des tetins, la seconde, des tetins au nombril : la troisiéme, du nombril aux genitoires. La largeur des épaules est de deux grandeurs de tête : à l'endroit des hanches & du nombril deux grandeurs de visage, qui sont six longueurs de nez. Les mêmes portions & mesures s'observent pour le derriere du corps ; sçavoir, des épaules à l'extremité du palleron ou omoplate, du palleron aux hanches, des hanches aux fesses, comme il est marqué aux figures qui sont exprés representées écorchées, afin d'y pouvoir marquer les principaux muscles qui les composent & qui servent à leur mouvement.

*Les noms & offices des muscles qui servent aux differens mouvemens du Corps.*

En la figure vûë par devant, A. marque le sternoïde , B. le mastoïde, qui servent au mouvement du col & de la tête en devant, C. est une portion du trapeze, D. marque le deltoïde, qui sert à hausser le bras ; D. le pectoral servant à tirer le bras en avant, F. le sternum ou brechet, qui est un os couvert seulement de la peau, G. le grand dentelé, & H. l'oblique externe, qui servent à la respiration, I. les clavicules, L. le droit qui sert à relever le corps lorsqu'il est couché sur le dos, & à soûtenir son poids quand il panche en arriere, à quoy les obliques servent aussi, M. marque la place des os des iles ou des hanches, N. le nombril, O. le membraneux, P. le coûturier , Q. le triceps, R. le droit, S. le vaste externe, T. le vaste interne ; ces trois derniers avec le curial servent à étendre la jambe : V. est une portion du grêle.

En la figure qui est vûë par derriere, A. marque une portion du mastoïde, B. C. le trapeze pour le mouvement de l'épaule en haut, en bas & en arriere, D. le deltoide, & E. le sufepineux qui sert a tirer le bras en haut, F. le soufepineux qui tire l'os du bras en bas, avec G. qui est l'abaisseur propre, & H. qui marque le trés large, & tire le bras en derriere & en bas ; I. marque une portion de l'oblique externe, K. le grand fessier, L. portion du grand fessier, M. portion du membraneux, N. le vaste externe, O. le biceps , P. le demi-nerveux, Q. portion du triceps.

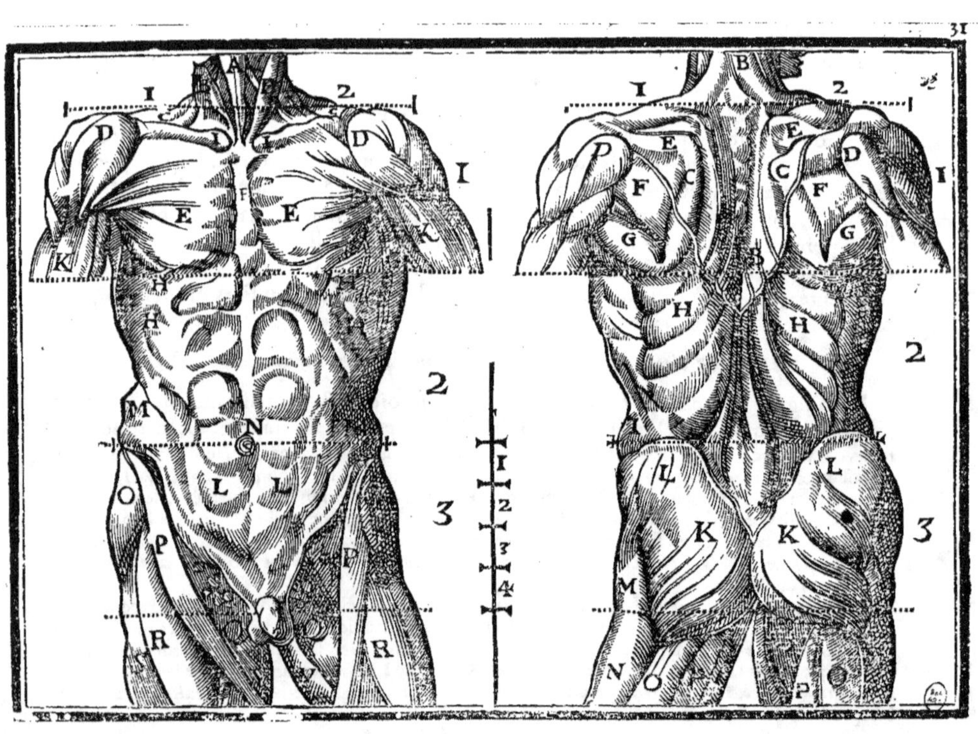

*Particularitez du Corps humain vû de costé, & du Bras vû par le dessus.*

LA mesure du Corps humain vû par le côté, est de trois mesures de tête en sa longueur comme les précedentes figures : pour la largeur à l'endroit de l'épaule & du tetin, il y a cinq longueurs de nez.

A l'endroit des hanches & du nombril, une grandeur de tête ; & au dessous de la fesse, la grandeur de la face, qui est trois longueurs de nez : par le plus gros de la fesse & le bas du ventre, quatre longueurs & demie de nez.

Le Bras vû par dessus, a de largeur par le coude une tierce partie de la tête ; par le poignet la mesure du nez, & joignant la main au metacarpe la grosseur des trois quarts de la longueur du nez.

*Les noms & offices des Muscles du Corps vû par le costé, & d'une partie du Bras vû par le dessus.*

Quant aux muscles, † marque le mastoïde, A. une portion du trapeze, B. le deltoïde, C. une portion du brachial, DD. les extenseurs du coude, E. l'union des deux susdits extenteurs, F. le sousepineux, G. l'abaisseur propre, H. le trés-large, I. le grand dentelé, K. l'oblique externe, L. le pectoral, M. partie du droit, N. portion du grand fessier, O le grand fessier, P. grand trocanter, Q. le membraneux, R. portion du droit, le vaste externe, T. le biceps, VV. le demi-nerveux, X. le demi-membraneux, YY. deux portions du triceps, Z. le grêle.

Les muscles du Bras seront décrits aux figures suivantes.

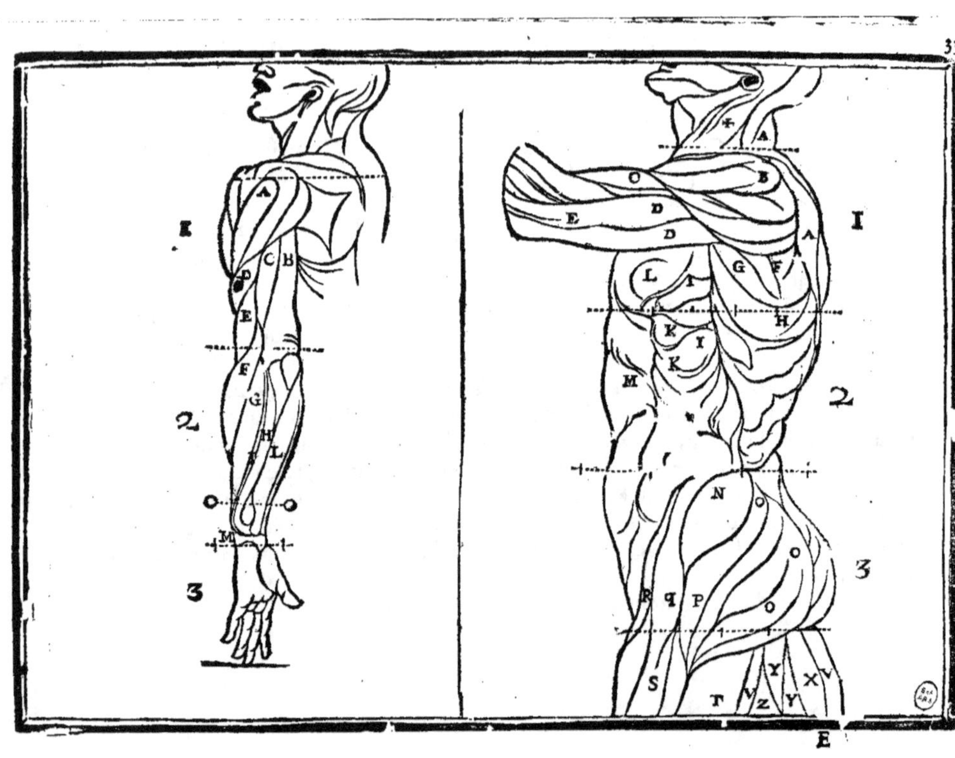
K
A
D C B
E
F
G
H I L
M
2
3
O
E D
D
L I G F A
K Y
K
M
N
O
R q P O
S T z Y X V
I
2
3
E

*Proportions & mesures du bras vûs par dedans & par dehors.*

LE Bras a de longueur depuis le mouvement ou emboîtement de l'épaule jusqu'au mouvement du poignet du bras , deux grandeurs de tête ; & du poignet à l'extremité du doigt du milieu , une autre grandeur de tête ; la grosseur du bras à l'endroit de l'épaule contient deux longueurs de nez, qui font la moitié de la tête, audessus du coude marqué dessus & dessous O. avec un petit point au milieu , la troisiéme partie de la tête , à l'endroit du coude une longueur de nez avec deux tiers , & de même de l'autre côté du coude marqué dessus & dessous d'une étoile * : à l'endroit du poignet une longueur de nez. Les mêmes mesures & proportions s'obfervent au bras vû par le dehors, comme vous voyez aux figures ci-jointes.

*Les noms & offices des muscles qui servent aux differens mouvemens du bras.*

Les muscles qui paroissent au bras vû par le dedans font, A. le deltoïde, B le biceps, C. portion de l'extenseur du coude, D. E. le brachial, F. le long supinateur du rayon , G. le rond pronateur du rayon , H. le flechisseur superieur du carpe, I. l'extenseur superieur du carpe , K. le palmaire , L. le flechisseur inferieur du carpe , M. le carpe, N. le metacarpe ou paulme de la main.

Les muscles qui paroissent au bras vû par dehors font, A. le deltoïde, B. C. les extenseurs du coude, sçavoir B. l'interne, & C. l'externe ; D. portion du brachial, E. portion du long supinateur du rayon, F. l'extenseur superieur du carpe, G. l'extenseur des doigts, H. l'extenseur inferieur du carpe, I. portion du flechisseur des doigts , K. l'os du coude sans chair, L. le flechisseur inferieur du carpe, M. le carpe, N. le metacarpe, O. l'extenseur du pouce.

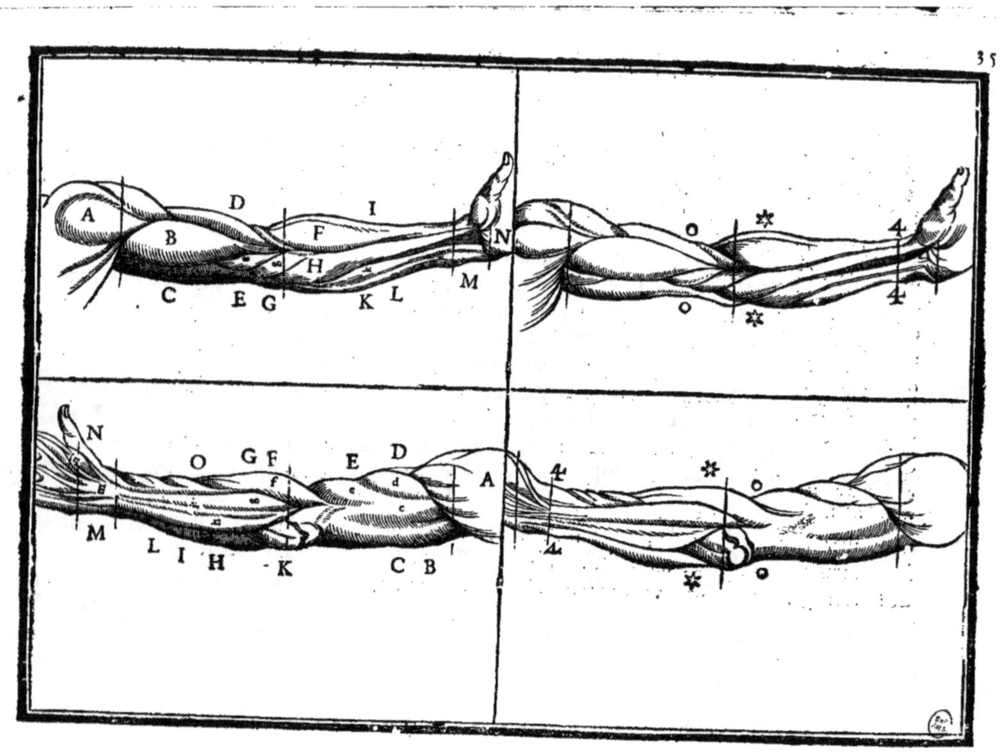
A
D F I
B
H
N
C E G K L M
N
O * 4
O *
N
O G F E D
f
e d
A
M c
4
L I H K C B
4
* O
O
*

*Particularitez des bras racourcis.*

LE bras étendu de son long, avec ses proportions & mesures sur la ligne à niveau, marquée A. B. C. vû par le côté, nous donne le racourcissement en cette presente figure de trois sortes, sçavoir la premiere toute de front, marquée A. la seconde un peu de côté, marquée B. qui se voit par le dedans du bras, & la tierce qui se voit par le dehors du bras marqué C. & le moyen pour y parvenir, faut tirer lignes perpendiculaires du bras étendu de son long, jusques à la ligne diagonale marquée des deux bouts O. & renvoyer la reflexion d'icelles lignes rectangulairement de lignes à niveau pour en avoir les ombres desdits bras : mais faut observer une consideration à cesdites ombres, comme ainsi que le Soleil donne directement à plomb dessus ledit bras, aussi nous en faut-il prendre le trait pour en faire l'ombre, & de là en faut tirer lignes perpendiculaires montantes avec les lignes à niveau procedantes du premier bras, étendu l'intersection desquelles nous donne les bras racourcis que nous cherchons, comme il paroît par l'ombre marquée A. qui nous donne les bras racourcis tout de front, marqué A. & l'ombre marqué B. qui est un peu de côté, nous donne aussi le bras racourci vû par dehors marqué C. lequel se voit par l'œil marqué C. & les deux autres par l'œil marqué A B. tellement que par l'intersection des lignes perpendiculaires montantes & procedantes des ombres avec les lignes à niveau procedantes du bras vû de son long, se trouvent les bras racourcis comme on voit,

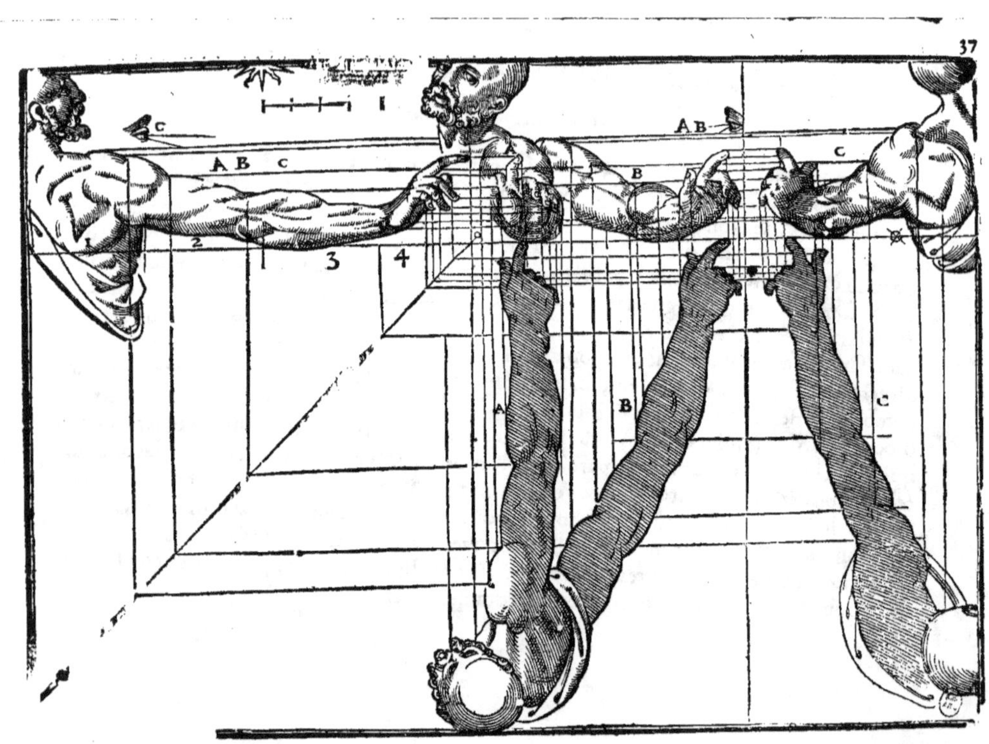
C
A B C
A B
B
C
1
2
3
4
A
B
C
L

*Proportions & mesures de la Jambe vûe par le devant & par le derriere.*

LA longueur de la Jambe avec la cuisse depuis les genitoires jusqu'à la plante du pied, contient quatre grandeurs de tête. La grosseur de la cuisse à l'endroit des genitoires a trois longueurs de nez ; par le milieu de la cuisse deux longueurs & deux tiers de nez ; par le genoüil une longueur & trois quarts de nez ; par le molet de la Jambe deux longueurs & un quart de nez ; sous le molet une longueur & trois quarts de nez ; par le bas de la Jambe au-dessus de la cheville du pied, une longueur de nez : tellement que la grosseur du poignet du bras vû en sa largeur, & le bas de la Jambe vû par le devant, sont de même mesure, ainsi que le genoüil & le bras à l'endroit du coude. Il faut observer les mêmes largeurs à la Jambe vûe par derriere.

*Les noms & offices des muscles de la Jambe vûe par le devant & par le derriere.*

Quant aux muscles, en la figure vûe par devant, **A.** marque une partie du membraneux qui sert à tourner la jambe en dehors, **B.** le droit, **C.** le couturier, pour croiser les jambes ; **D.** le triceps qui sert à tourner la cuisse en dedans, **E.** une portion du grêle, **F.** le vaste externe, **G.** le vaste interne, **H.** la rotule du genoüil, **I.** l'os de la jambe sans chair, **K.** le jambier anterieur, **L.** portion du gemeau externe, **M.** l'éperonnier, **N.** l'extenseur des orteils, **O.** portion du gemeau interne, **P.** portion du solaire, **Q.** la cheville ou malleole externe, † **R.** l'anneau sous lequel passent les muscles, **S.** malleole ou cheville interne.

En la figure vûe par derriere ; **A** marque une partie du grand fessier, **B.** une portion du triceps, **C.** le grêle, **D.** le demi-membraneux, **E.** le demi-nerveux, **F.** portion du droit, **G.** portion du couturier, **H.** portion du crural, **I.** le biceps, **K.** portion du vaste interne, **L. M.** les gemeaux, dont l'un s'appelle interne marqué **L.** & l'autre externe marqué **M. N.** marque le talon.

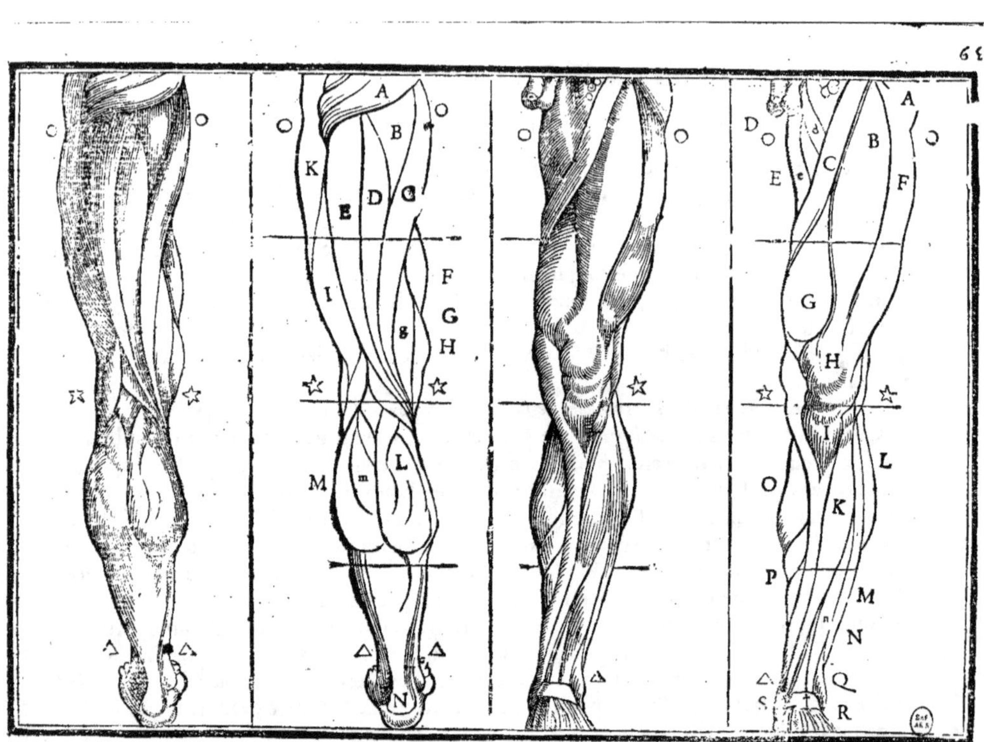


18

*Particularitez de la Jambe en dedans & en dehors.*

LEs mesures de la Jambe, vûe de côté sont les mêmes que les précedentes pour la longueur, mais pour les largeurs il y a cette difference que le haut de la cuisse est de trois
longueurs de nez & un quart ; le milieu de la cuisse de trois longueurs de nez : le genouil,
le molet de la jambe, le dessous sont comme aux figures précedentes, & le bas de la jambe au
dessus de la cheville du pied, est d'une troisiéme partie de la tête ; le pied d'une grandeur
entiere de la tête. On garde les mêmes grosseurs à la jambe vûe par le dehors.

*Les noms & offices des muscles de la Jambe vûë par le costé en dedans & en dehors.*

Les muscles qui paroissent à la jambe vûe par le dedans sont, A. le demi-nerveux, B. le
demi membraneux, C. D. deux portions du triceps, E. le grêle, F. le couturier, G. le vaste
interne, H. le droit, I. l'os de la jambe sans chair, K. le gemeau interne, L. portion du
solaire, M. portion du flechisseur des orteils, N. la malleole ou cheville internes, O. le tase
ou cou-de-pied, P. le metatarse, Q. le talon.

En la jambe vûe par dehors les muscles sont, A le demi-nerveux, B. le biceps, C. le vaste
externe, D. le gemeau interne, E. le gemeau externe, F, l'éperonnier, G. l'extenseur des orteils, H. la malleole ou cheville externe.

*Il y a quelques places où je n'ai pû mettre que des petites lettres, tant à cause du peu d'espace que j'avois, que
pour ne pas corrompre les muscles ; c'est pourquoi j'ai mis des lettres plus grosses en dehors, & toûjours le plus
proche de chaque muscle que je veux nommer pour faciliter le Lecteur ; ainsi les petites lettres ne serviront qu'à
montrer la place où j'aurois mis ces lettres capitales, si elles y avoient pû tenir.*

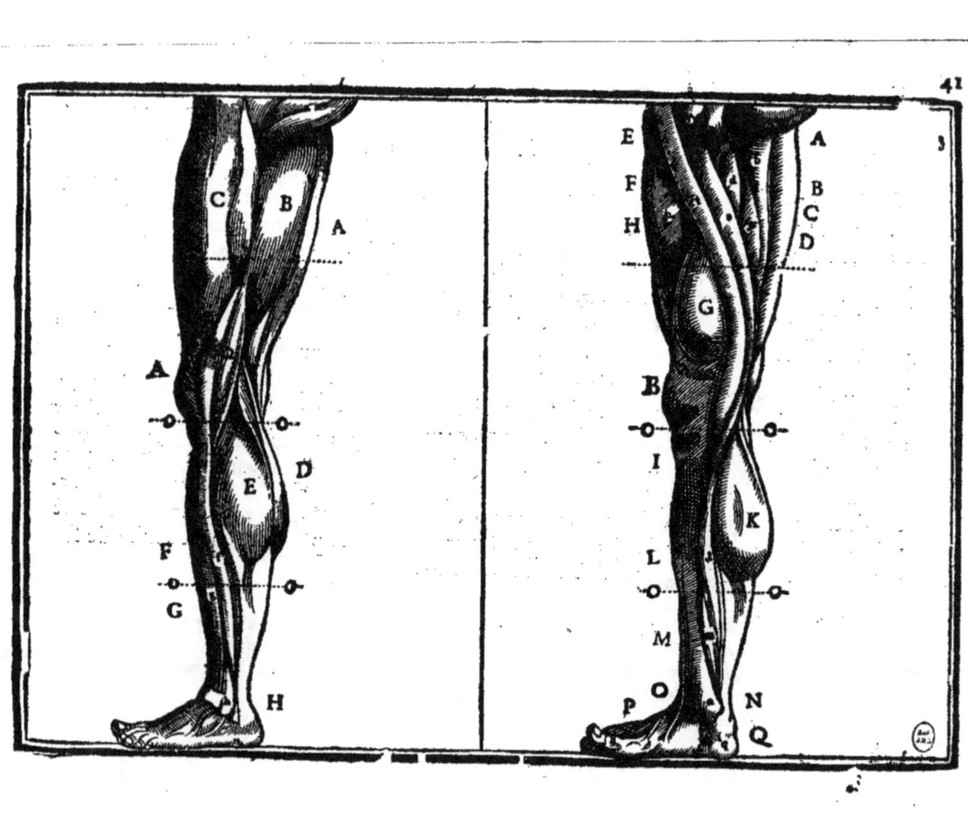
C
B
A
A
E
D
F
G
H
E
F
H
A
B
C
D
G
B
I
K
L
M
O
P
N
Q

## *Maniere de deſſiner les Jambes & les Cuiſſ racourcie.*

POur vous ſervir de cette maniere & pratique, tirez un trait carré ſur vôtre feüille de papier, deſſinez dans l'un des angles les jambes de profil dont vous voulez avoir le racourci : tirez des principales parties des lignes perpendiculaires ſur la ligne à niveau marquée A. puis en poſant la pointe du compas à la ſection du trait carré, prenez toutes les diſtances de ces perpendiculaires ponctuées, & les portez en bas ſur la grande perpendiculaire marquée B. enſuite de toutes ces ſections tirez des lignes à niveau ponctuée, pour avoir les longueurs du plan ; ajoutez y les groſſeurs proportionnées, comme nous avons dit ci-devant en parlant des proportions : enfin de toutes ces largeurs & principales partie du plan élevez des perpendiculaires juſqu'à la ſection des lignes à niveau tirées du profil & marquées aux ſections des lignes correſpondantes la place de chaque partie racourcie, comme vous voyez en la preſente figure. Si vous voulez les deſſiner d'un autre aſpect, tournez le plan comme il vous plaira, & ſuivez la même pratique pour tous les autres racourcis : vous en pourrez deſſiner d'une infinité de manieres, diſpoſant diverſement les plans. Cette maniere eſt toûjours aſſûrée, & très-néceſſaire pour deſſiner avec art, & pouvoir rendre raiſon de ſon ouvrage ; enquoi conſiſte la perfection du Deſſinateur.

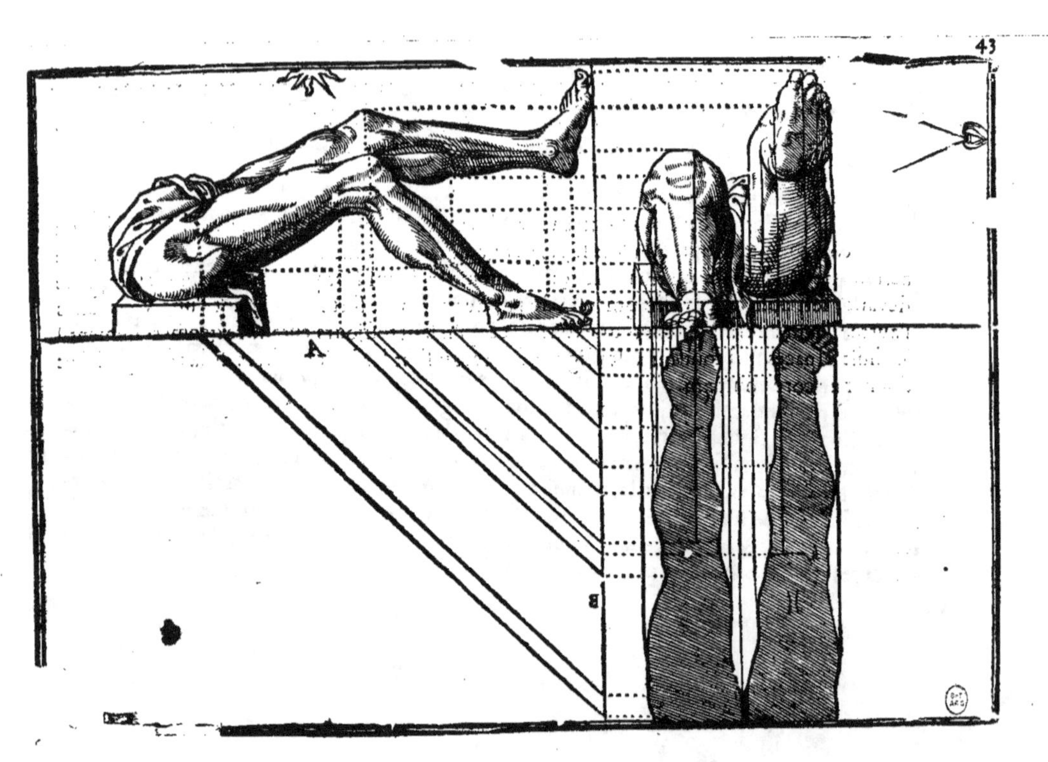
A
B

# FIGURES ENTIERES ANATOMIQUES DU CORPS HUMAIN

### Veu par le devant, par le côté & par le derriere.

**V**Ous voyez en ces trois figures toutes les precedentes assemblées, avec les muscles qui composent & font mouvoir le corps humain; & comme elles font toutes trois la même action ou atitude, il faut remarquer que le même trait qui sert pour faire la figure vûe par le devant, sert aussi pour celle qui est vûe par derriere; de sorte que faisant l'une vous faites l'autre. Quant au trait ou contour externe (ce qu'il faut toûjours entendre geometralement) les huit espaces qui sont entre les lignes à niveau sont les huit mesures de la tête qu'il faut donner au corps humain.

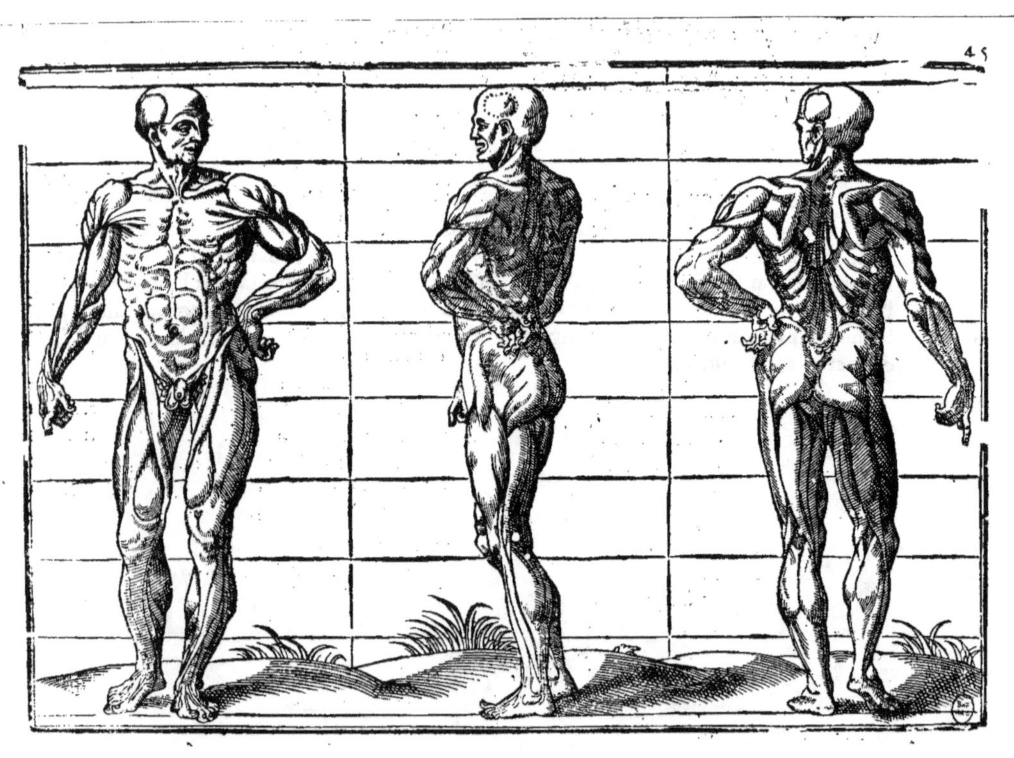

CEtte figure vous represente le corps de l'homme couvert de sa peau, au travers de laquelle on peut voir la place des muscles les plus aparens, pour vous faire connoître qu'on peut bien exactement observer l'anatomie, sans tomber dans la dureté & secheresse que les ignorans ont accoûtumé de reprocher à ceux qui s'en servent, & comme il la faut éviter.

Pour dessiner cette figure, tirez une ligne perpendiculaire sur laquelle vous marquerez les mesures depuis le sommet de la teste jusqu'à la plante des pieds : pour la hauteur, vous la diviserez en huit parties égales, dont la teste occupera la premiere : la seconde contiendra depuis le menton jusqu'aux tetins : la troisiéme jusqu'au nombril : la quatriéme aux genitoires : la cinquiéme à la moitié de la cuisse : la sixiéme au dessous du genoüil : la septiéme au dessous du molet de la jambe : la huitiéme au talon & plante du pied. Les mêmes mesures s'observent depuis le bout du doigt du milieu de l'une des mains jusqu'à l'autre, en passant par les épaules qui contiennent deux mesures de tête : les hanches six longueurs de nez, ou deux faces : le haut des cuisses deux faces : le milieu deux longueurs & deux tiers de nez : le genoüil deux longueurs de nez : le molet de la jambe deux longueurs & un quart de nez : sous le molet une longueur & trois quart de nez : le bas de la jambe vûë par devant, une longueur de nez ; vûë par le côté, une troisiéme partie de la tête Pour placer les tetins, faites un triangle équilateral de l'ouverture de quatre longueurs & demie de nez, dont l'un des angles sera sous le menton, & les deux autres marqueront les tetins. Les mêmes proportions & mesures sont pour la figure vûë par derriere tant pour les hauteurs que pour les largeurs. Il est clair que le contour d'une figure vûë pardevant ou par derriere dans la même atitude, est tout le même ; cela suffira, ayant déja été assez expliqué aux figures séparées.

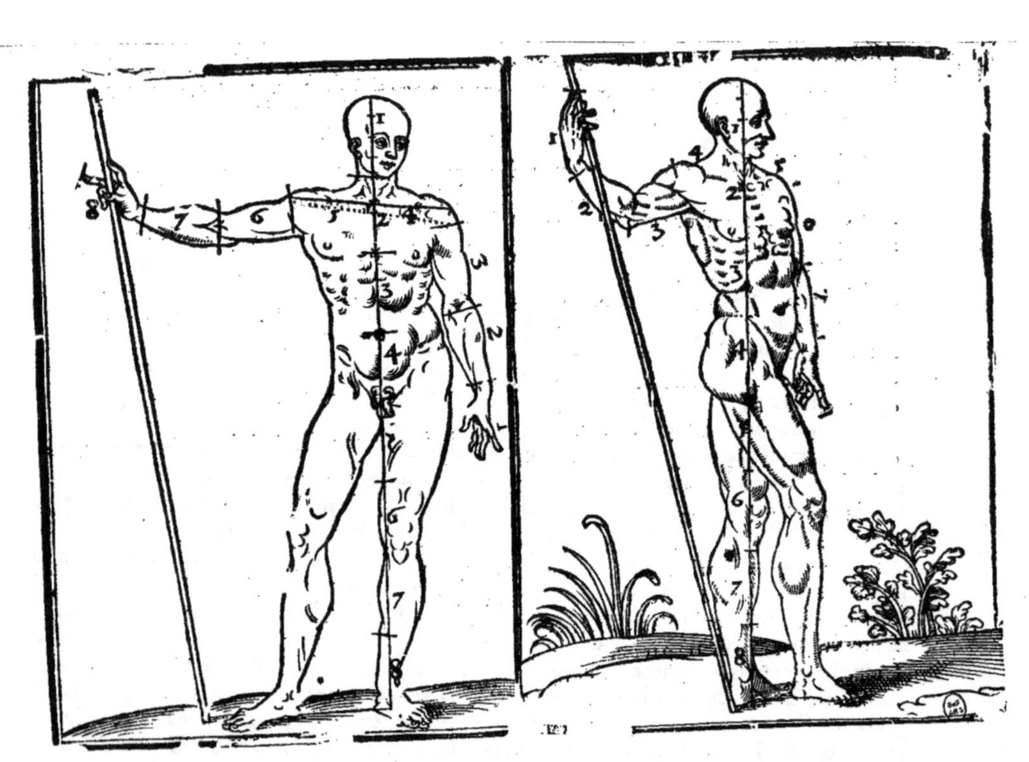

*Figures de l'homme vû par le costé, avec ses mesures.*

**I**L faut obferver en cette figure les mêmes proportions & mefures des précedentes pour les hauteurs. Il y a ceci de particulier pour les largeurs, qu'à l'endroit de l'eftomach il faut donner de groffeur cinq longueurs de nez ; mais parce que le corps de cette figure tourne un peu, & n'eft pas tout-à-fait de profil, il y a plus de largeur, qu'il faut trouver par le moyen du plan, comme nous avons avons dit pour les têtes & les autres membres. Par les hanches de profil il y a quatre longueurs de nez, le haut de la cuiffe a trois longueurs de nez & un quart : le milieu trois longueurs de nez : le genoüil une longueur trois quarts de nez : le molet de la jambe deux longueurs & un quart de nez : fous le molet une longueur & trois quarts de nez : le bas de la jambe au-deffus de la cheville du pied une troifiéme partie de la tête.

Pour le bras qui eft levé & qui fe voit racourci, il faut vous fervir de la pratique qui a été expliquée en la feüille des bras racourcis, où vous en trouverez un prefque femblable.

*Figure entiere de l'Homme vû par derriere, avec fes mesures.*

Il n'y a rien de particulier en cette figure pour les proportions & mefures, qui font les mêmes qu'en la figure précedente, tant pour les hauteurs que pour les largeurs : car comme ( geometralement parlant ) on découvre la moitié de la figure, ou pour mieux dire, puifque le deffein geometral fe fait felon des lignes paralleles qui rendent l'objet tel qu'il eft en foy, & non point felon les angles vifuels comme en perfpective ; il eft clair que le contour d'une figure vûe par devant ou par derriere dans la même atitude, eft tout le même : il n'y a de difference qu'au dedans ; ce qui ne fe feroit pas en fuivant les regles de l'optique, quand bien les points de vûe & de diftance feroient également difpofez.

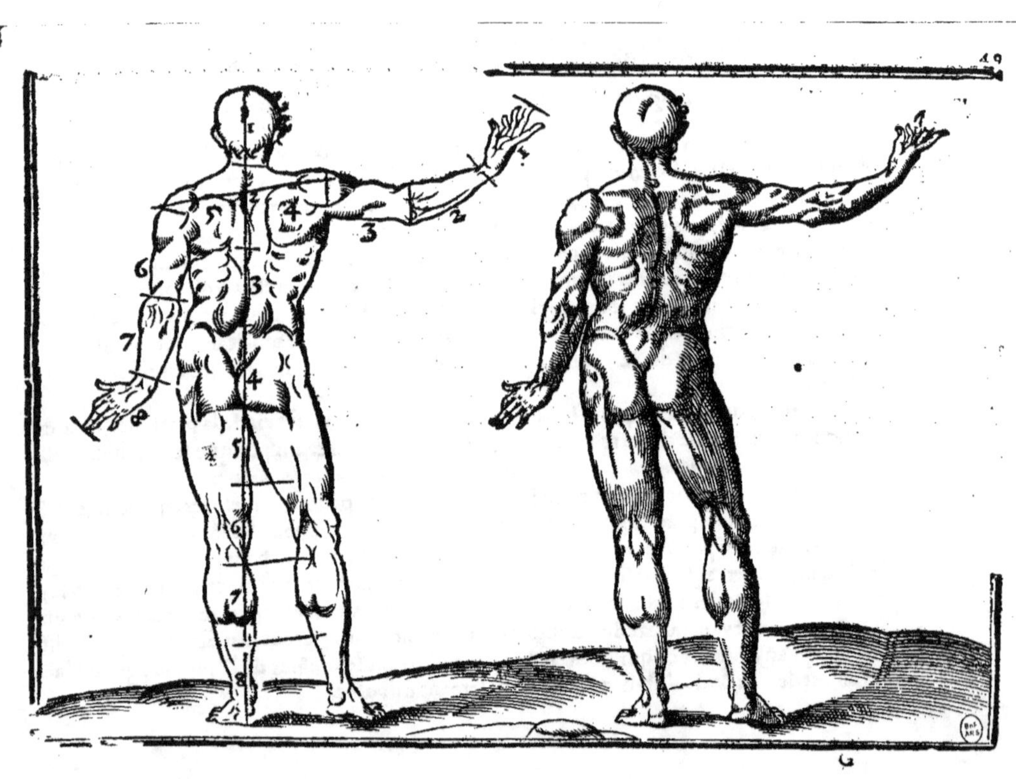
19
1
2
3
4
5
6
7
8
G

*Proportion & mesure de la Femme vûë par le devant & par le derriere.*

LA figure vûe par le côté, se fait par la même regle que les précedentes, sçavoir sur la ligne perpendiculaire les huit proportions & mesures ; à l'endroit de l'estomach & du palleron, faut observer cinq proportions & mesures du nez, à l'endroit des hanches quatre mesures de nez, & le reste comme les susdites figures ; & quant à la tête vûe de côté elle est plus large d'une troisiéme partie de nez, que la tête vûe de front : la cuisse de côté est aussi de la même mesure & proportion ; & pour le regard du bras qui se leve en haut, d'autant qu'il consiste en racourcissement, nous déclarerons la regle & la méthode qu'il faut tenir pour ce faire en temps & lieu. Le pied de la presente figure est de la mesure & proportion de la longueur de la tête, comme il a été dit cy-devant, & comme il se voit par la figure du trait simple, qui sert aussi pour la même figure, avec ses ombres selon que le jour donne.

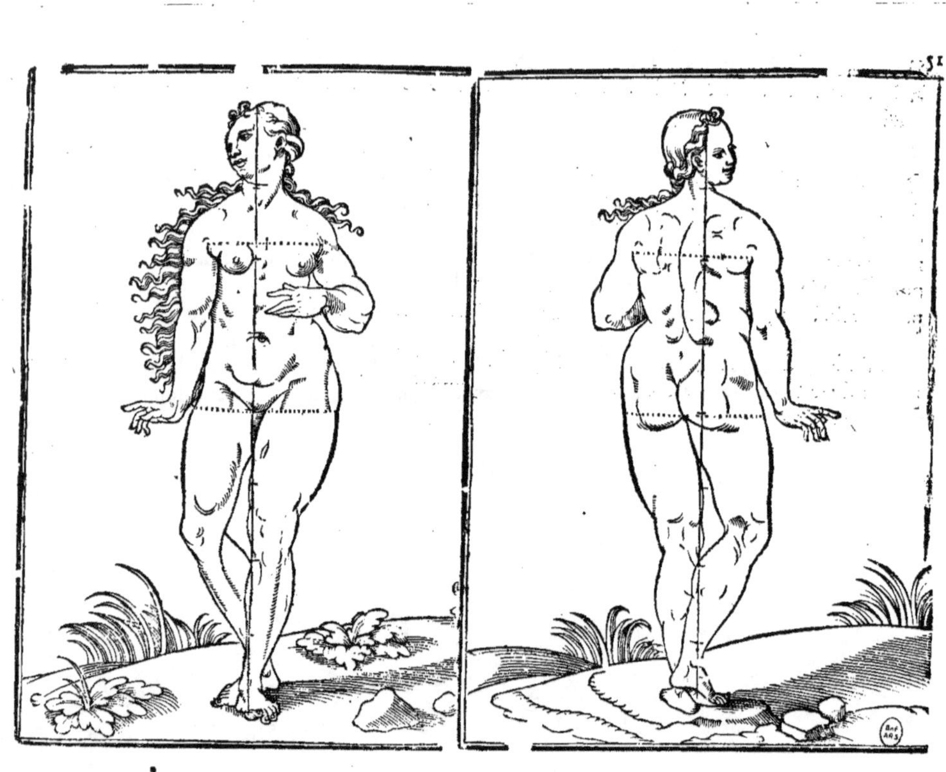

*Proportions & mesures de la Femme avec celle de l'Enfant, vûs par le côté.*

LA figure de la femme vûe par le côté ou de profil, est de la même proportion que les deux précedentes quant aux hauteurs, mais pour les largeurs il faut donner à l'endroit des mammelles & des épaules, des hanches & du ventre, la mesure de cinq longueurs de nez : par la ceinture une grandeur de tête, ainsi qu'à la cuisse au dessous de la fesse : les genoüils, de la grosseur du col, qui est d'une longueur & cinq parties du nez divisé en six : le poignet du bras, & le bas de la jambe au dessus de la cheville du pied, de la moitié du col.

L'Enfant est representé ici environ l'âge de cinq ou six ans : il a de hauteur cinq des huit parties de la Femme, qui seront divisées & expliquées aux figures suivantes.

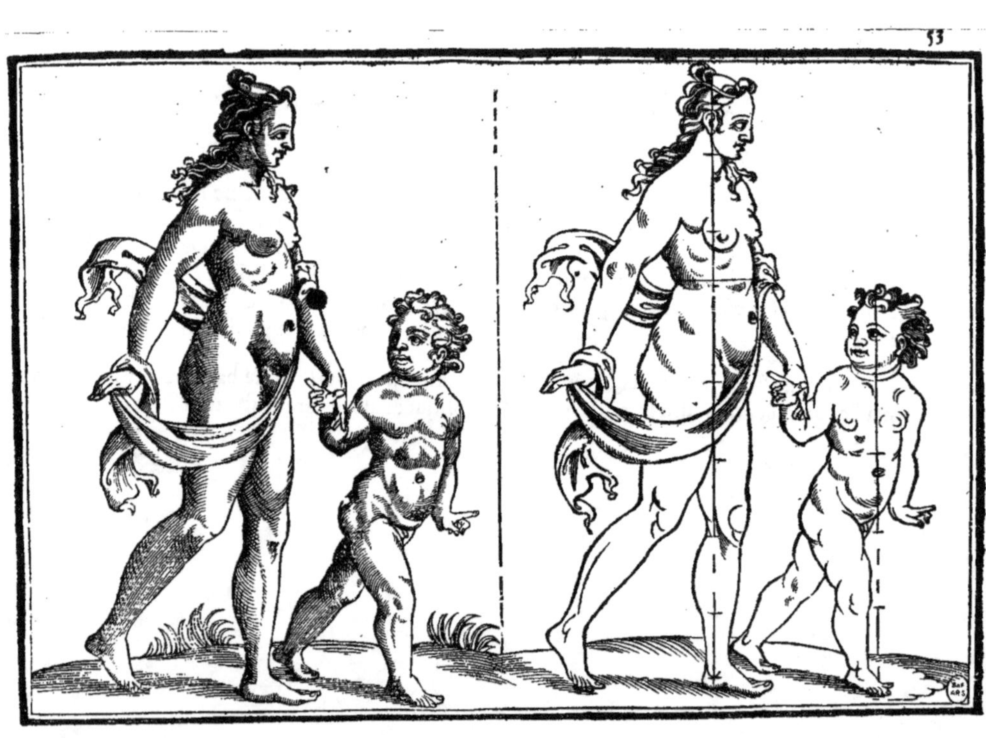

*Proportions & mesures de l'Enfant vûes par le devant & par le derriere.*

LA proportion & mesure de l'Enfant ne contient que cinq mesures de tête, sçavoir trois depuis le sommet de la tête jusqu'aux genitoires, & deux autres comprises aux cuisses & aux jambes, comme il se voit en la presente figure vûe par le devant ; & à l'endroit des épaules, la mesure est de la grandeur d'une tête, marquée aux extremitez d'une ligne à niveau ponctuée O. & par le milieu du corps faisant la seconde, marquée d'une autre ligne à niveau ponctuée, elle est de la grandeur d'une tête ; la grosseur de la cuisse par le haut, marquée d'une ligne ponctuée à l'endroit des genitoires, est de la grandeur & distance d'une tierce partie de deux mesures de tête ensemble ; le genoüil marqué d'une petite ligne ponctuée à niveau d'une petite croix aux deux bouts, est de pareille grosseur & distance que depuis l'œil jusqu'au menton ; le bas de la jambe & le bras sont de la moitié de la grosseur du col, & depuis l'extremité des doigts d'une main d'un côté à l'autre, il y a cinq mesures de tête, comme à la figure, ainsi qu'il se voit par ces petites marques de croix commençans d'un côté à l'extremité des doigts, puis au coude, puis à l'épaule, & autant de l'autre côté à l'opposite.

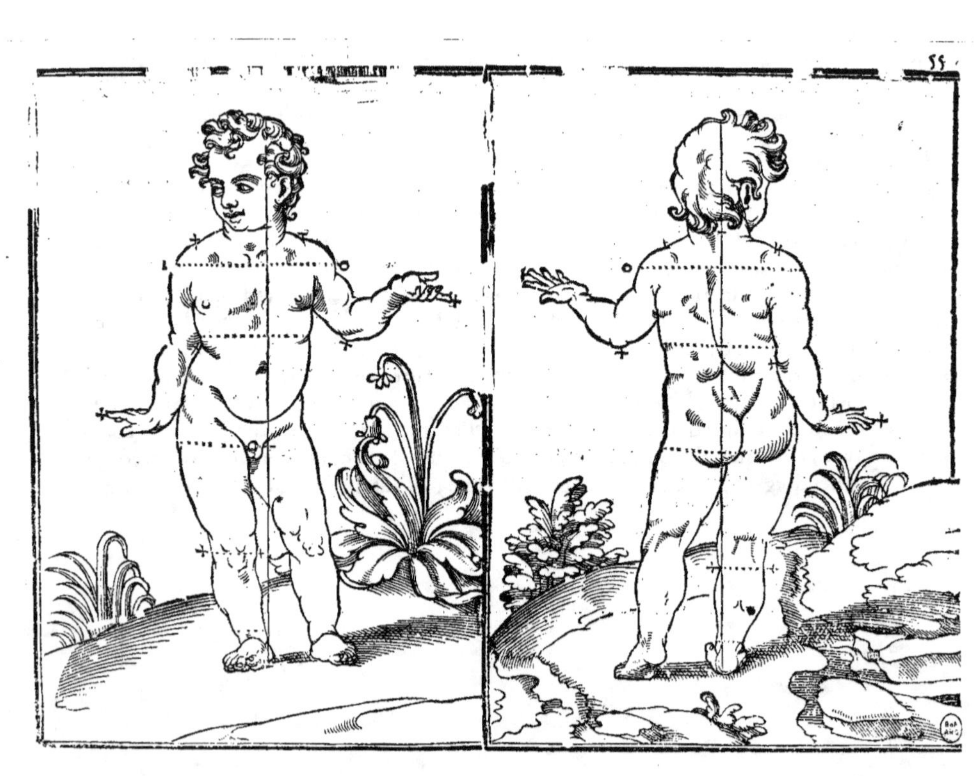

*Figure entiere du Corps humain, racourcie de front, vûe par la plante des pieds le ventre deſſus.*

AYant obſervé les proportions & meſures de la figure vûe par le côté, de ſon long toute étendue, marquée ſur la ligne à niveau 1. 2. 3. 4. 5. 6. 7. 8. la reflexion d'icelle, & faut tirer diagonalement des lignes paralleles juſques ſur la ligne perpendiculaire, provenante de l'extremité des doigts des pieds de ladite figure, faiſant leurs termes ſur ladite perpendiculaire marquez 1. 2. 3. 4. 5. 6. 7. 8. & deſd. termes faut tirer les lignes à niveau paralleles à la ſuſd. ligne, pour en faire l'ombre de ladite figure, & ſur les eſpeces 1. 2. 3. 4. 5. 6. 7. 8. faut obſerver ce qui eſt repreſenté en la figure premiere vûe de côté: mais faut toûjours uſer de la conſideration, que l'ombre qui en provient eſt toute de front, comme ſi le Soleil donnoit directement à plomb deſſus ladite figure, comme il appert en ladite figure de l'ombre, obſervant ſes proportions & meſures en ſa largeur. Et pour en avoir la figure racourcie, faut tirer lignes perpendiculaires montantes juſques aux interjections des lignes à niveau procedantes de la premiere figure étendue de ſon long vûe de côté, comme il ſe voit en cette figure racourcie étant directement à plomb & perpendiculairement: & tout ainſi que l'œil marqué A. regarde par la plante des pieds la figure qui eſt étendue de ſon long, ainſi ſe voit la figure racourcie.

La petite meſure ſeparée en quatre parties égales, repreſente la meſure de la tête qu'il a fallu faire plus petite que la précedente des particularitez, pour faire nos figures entieres.

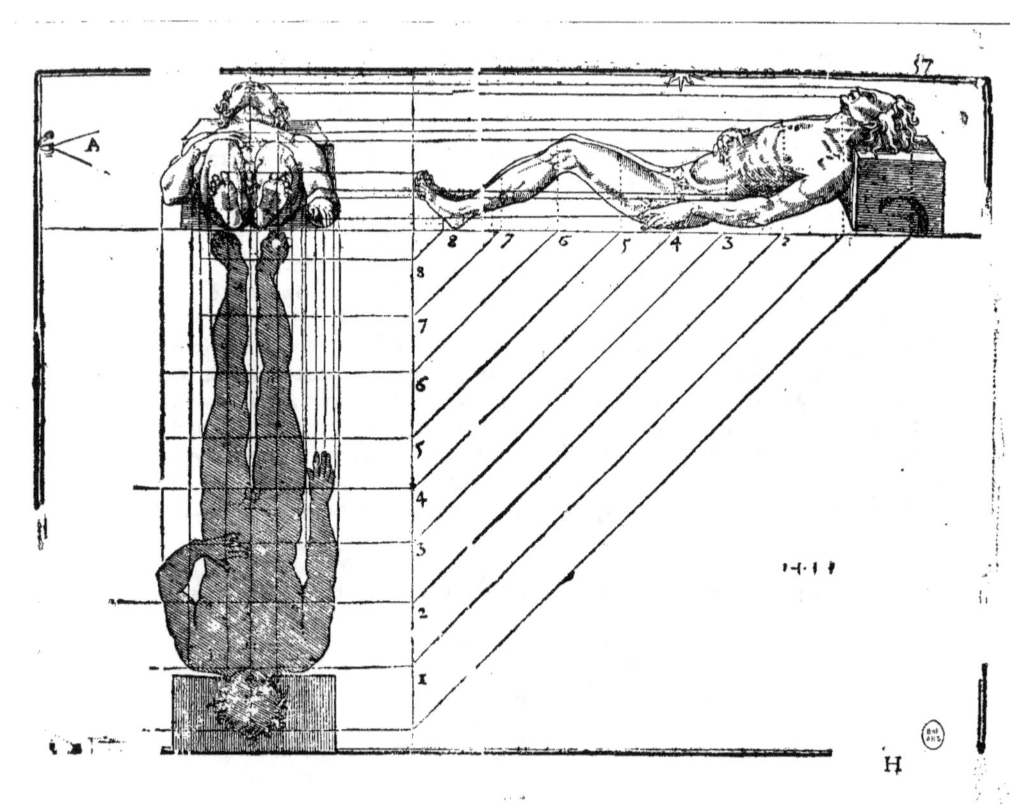

A
1 2 3 4 5 6 7 8
8
7
6
5
4
3
2
1
H

*Figure entiere du Corps humain, racourcie un peu de costé, vûe par la plante des pieds,*
*le dos dessus.*

CEtte Figure avec ses proportions & mesures, comme la précedente vûê de front par la sommité de la tête, se fait par les mêmes raisons & regles que ladite precedente, & n'y a nulle difference, sinon que la precedente se voit par la plante des pieds, & celle-ci par le dessus ou sommité de la tête, comme se voit

*Figure entiere du Corps humain racourcie de front, vûe par la sommité de la tête,*
*le ventre dessus.*

CEtte Figure avec ses proportions & mesures, comme la précedente vûê de front par la sommité de la tête, se fait par les mêmes raisons & regles que ladite precedente, & n'y a nulle difference, sinon que la precedente se voit par la plante des pieds, & celle-ci par le dessus ou sommité de la tête, comme il appert.

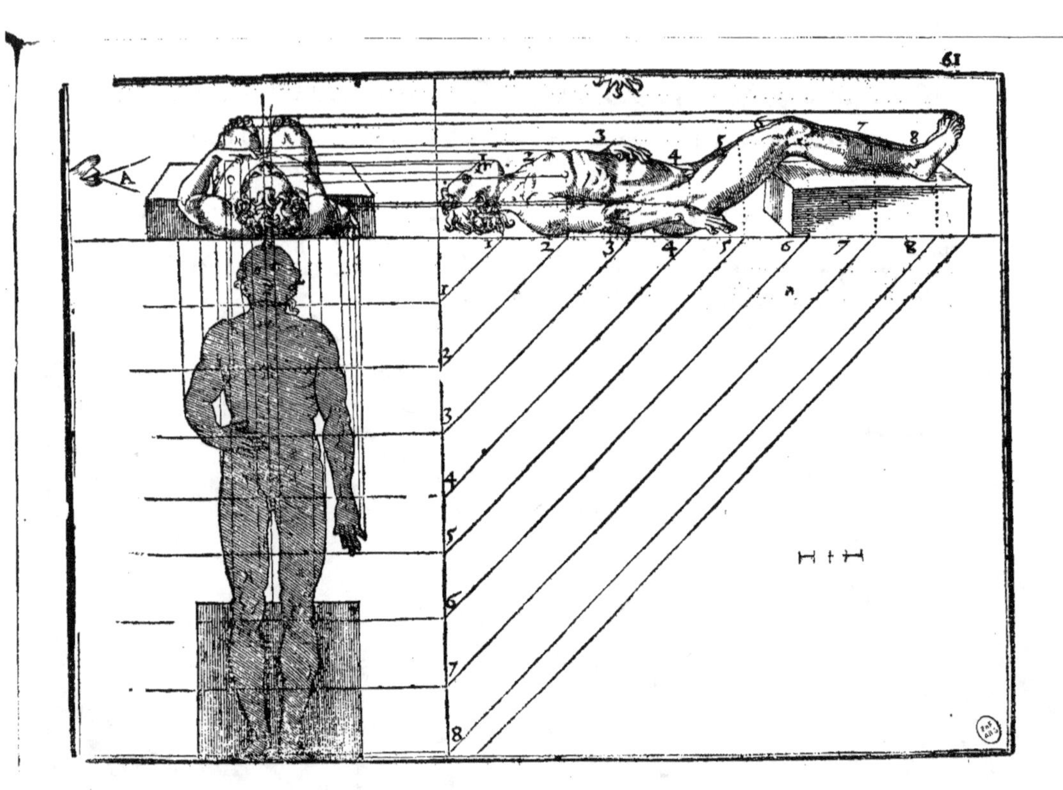

*Figure entiere du Corps humain, racourcie un peu de costé, veüe par la plante des pieds,*
*le dos deßus.*

CEtte figure avec ses proportions & mesures, comme la precedente veue de front par le sommet de la tête, se fait par les mêmes raisons & regles que la précedente, & il n'y a nulle difference, sinon que la precedente se voit par la plante des pieds, & celle-ci par le deßus ou sommité de la tête, comme se voit.

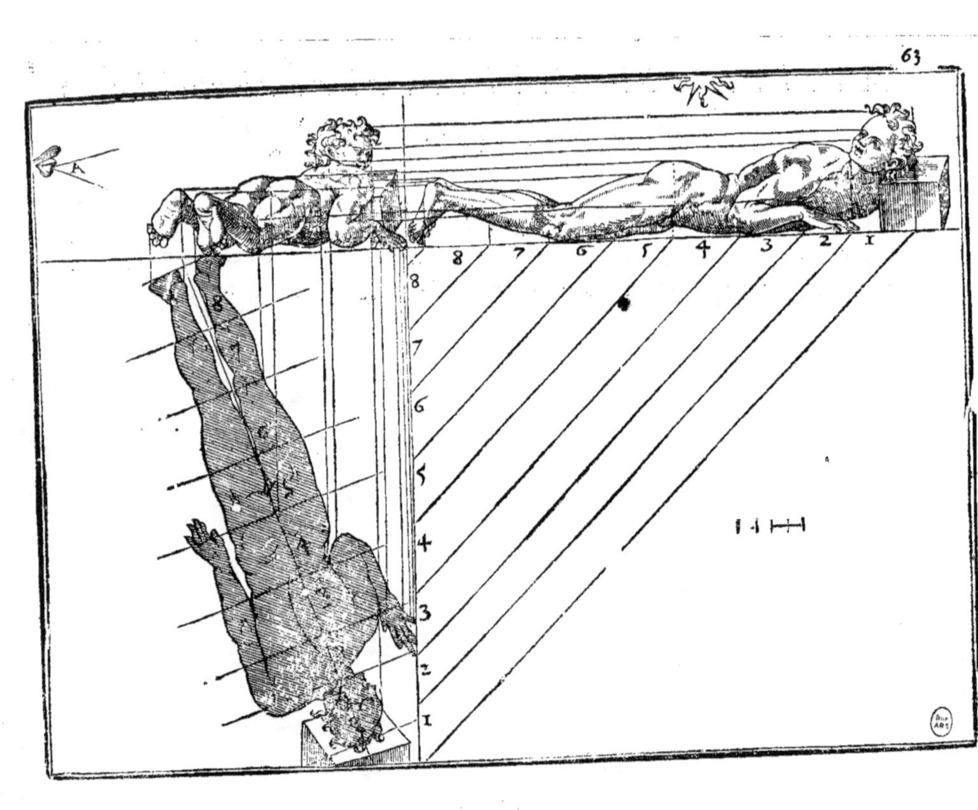
A
8 7 6 5 4 3 2 1
8
7
6
5
4
3
2
1

CEs deux figures sont representées pour verifier les précedentes , & pour montrer que plus l'ombre des figures est perpendiculaire , plus les figures sont racourcies , comme on le voit par les chiffres marquez 1. 2. 3. 4. 5. 6. 7. 8. 9. 10. 11. 12. 13. 14. sur la ligne penchante , & sur laquelle il faut representer l'ombre de la figure marquée A. qui est notre premier sujet ; en usant de la regle generale vous aurez la figure racourcie.

*Proportion de la figure d'Hercule, qui est au Palais de Farnese à Rome, mesurée tant en hauteur que largeur, vûe par le devant, par le derriere, & par le costé.*

COmme l'Hercule est un des plus beaux morceaux que l'antiquité nous ait laissé, je vous en donne une description exacte suivant ses principaux aspects : vous ne sçauriez dessiner d'aprés rien de plus beau & de plus juste. J'en ai marqué les principales proportions ; j'y ai mis au bas une échelle de quinze grandeurs de nez, dont vous pouvez vous servir en tous ses aspects differens, observant les regles que je vous ai ci-devant données. Comme les Poëtes ont toûjours attribué la force à Hercule, cette figure est propre à representer un homme fort vigoureux & capable des plus grands exploits : les contours sont grands, choisis, forts & resolus.

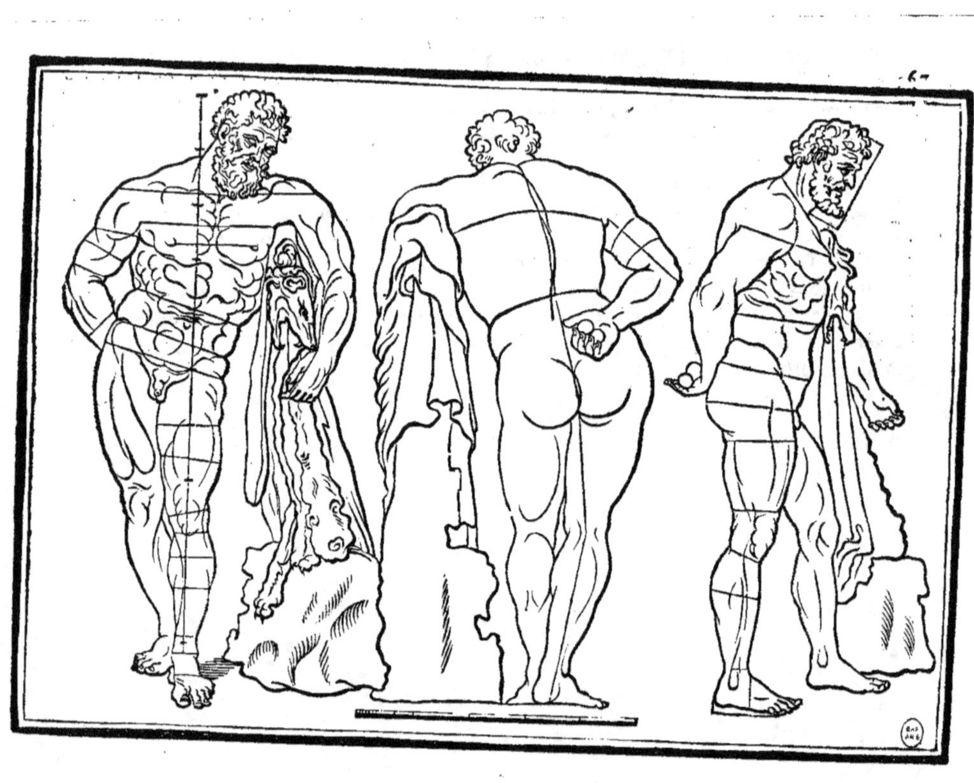

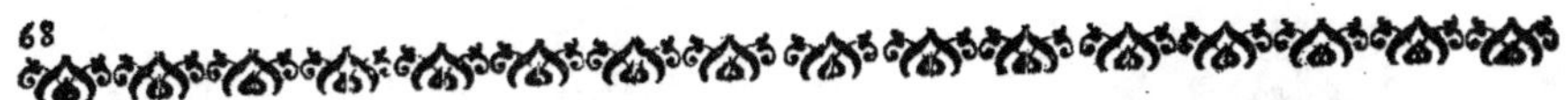

*Proportion de la Figure l'Appollon mesuré sur l'antique, tant en hauteur que largeur,*
*veue par le devant, par le derriere & par le côté.*

ENtre toutes les figures antiques, je vous ai choisi celles d'Hercules, d'Apollon & de Venus, comme ayant été toûjours si universellement approuvées, qu'elles peuvent servir de regles certaines & infaillibles pour le dessein. La beauté de la figure d'Appollon, sa correction, & l'exactitude avec laquelle elle a été mesurée, ne peut qu'elle ne vous soit trés-utile. J'en ai ôté les ombres pour ne vous point embarrasser : j'y ai ajoûté quinze grandeurs de nez, sur laquelle vous pouvez prendre vos mesures, tant pour la hauteur que pour les largeurs de ladite figure : ses contours sont nobles, arrondis & certains.

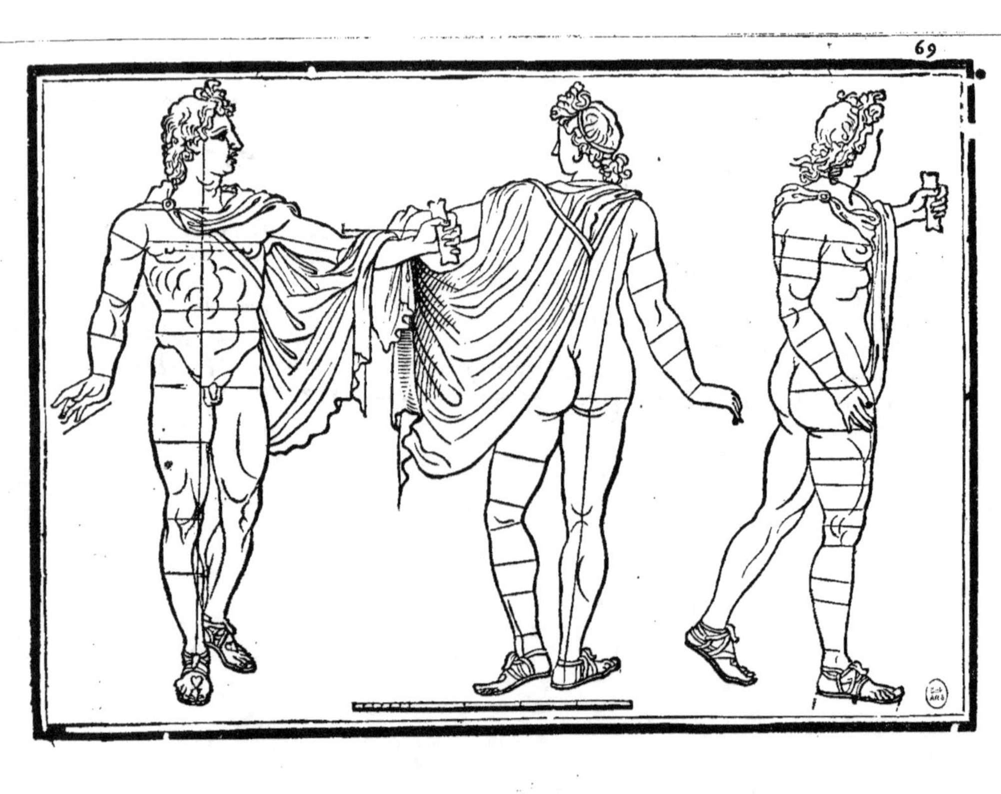

## De la Connoiſſance des Os.

**L**A connoiſſance des O S m'a paru abſolument neceſſaire à ceux qui veulent deſſiner correctement, comme étant la baſe & le ſoutien du Corps humain : c'eſt ce qui m'a obligé de vous en donner ici un Squelet entier, vû par le devant, par le derriere & par le côté. J'ai marqué exactement tous les noms des Os. Je ne parle point ici de leurs grandeurs ni proportions, non plus que de leurs divers mouvemens. Ce que j'ai dit des proportions du Corps, & des differens offices des Muſcles qui ſervent principalement à les mouvoir, & ce que j'en dis ici, ſuffira pour vous donner une parfaite intelligence de toute la Stcologie.

### Pour la premiere Figure.

A. l'os du front ou coronal, B. les clavicules, C. acromion, D. partie interne de l'épaule, E. os du ſternum ou brechet, au nombre de ſix os. F. la fourchette, G. l'os du bras, dit humeurs, H. la tête de l'os du bras, I. l'articulation du coude, K. l'os du coude, L. os appellé rayon ou avant-bras, MN. articulation du coude ou rayon avec le poignet ou carpe, ayant huit os, O. le metacarpe compoſé de quatre os, P. les cinq doigts cempoſez chacun de trois os, Q. la rotule ou palette du genoüil, R. os aſtragal fait en façon d'une noix d'arbaleſte, ſur lequel la jambe ſe meut. S. le naviculaire, T. os du tarſe, V. os du metarſe, X. les cinq oreils compoſez chacun de trois os, à la reſerve du pouce qui n'en a que deux.

### Pour la ſeconde Figure.

BB. l'os occipital ou derriere de la tête. C. os parietal. D. E. F. G. H. ces cinq lettres démontrent toute l'épine du dos ; car depuis E. juſqu'à la tête ſont les ſept vertebres du col, depuis E. juſqu'à F. ſont les douze du dos, depuis F. juſqu'à G. ſont les cinq des reins, & depuis G. juſqu'à H. ſont les ſix de l'os ſacrum, & les quatre du coccix. I. marque les douze coſtes de chaque côté, ſept vrayes & cinq fauſſes. K. os de la cuiſſe, dit femur. L. teſte de l'os de la cuiſſe.

### Pour la troiſiéme Figure.

A. l'os parietal. B. les os petreux. C. os frontal. D. os occipital. E. os jugal. F. os des tempes, G. & H. machoire inferieure & ſuperieure. I. os de l'épaule, dit omoplate ou palleron. K. l'éminence du coude où ſe fait l'articulation. L. os de la feſſe, ou iſchion. M. os pubis. N. circuit de l'os des iles. O. la tête de l'os de la cuiſſe qui s'emboëtte dans l'os iſchion. P. l'os de la queuë. Q. l'os de la jambe, dit tibie. R. l'os dit éperonné, ou de l'éperon.

## F I N.

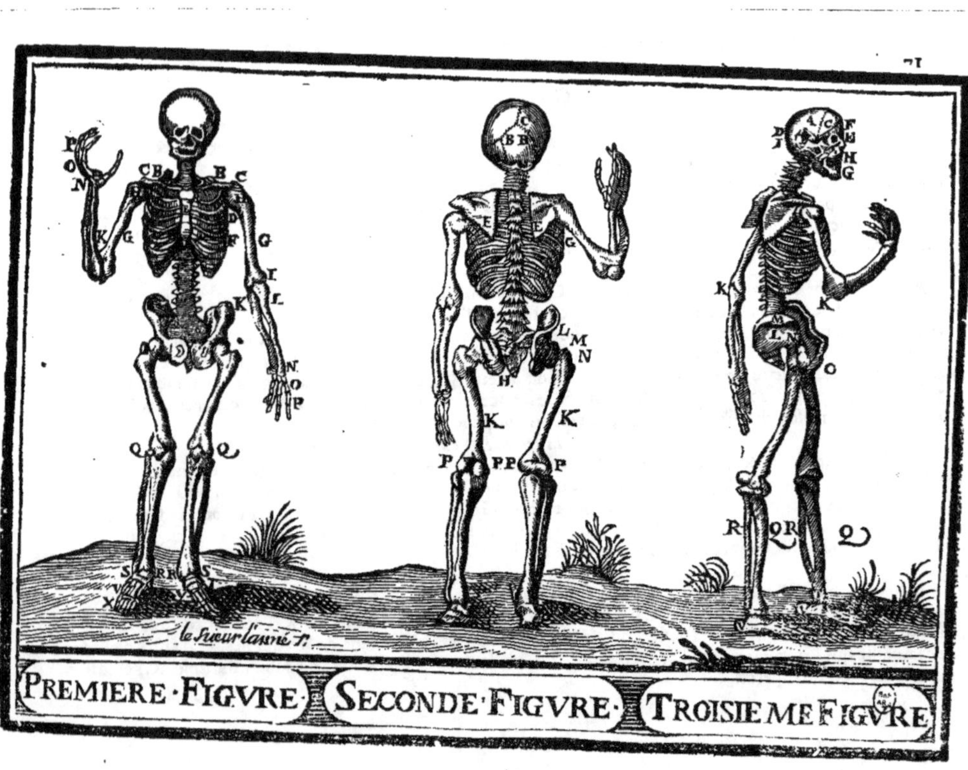

PREMIERE·FIGVRE·
SECONDE·FIGVRE·
TROISIEME FIGVRE
le Sueur l'ainé f.

www.ingramcontent.com/pod-product-compliance
Lightning Source LLC
LaVergne TN
LVHW022312170726
843503LV00006B/2461